100 SUPER RECETTES

APÉROS

Recettes et stylisme : Gema Gomez
Photo : Marc Wauters

MANGO
éditions

SOMMAIRE

EN 5 À 15 MINUTES

EN 15 À 30 MINUTES

EN 30 MINUTES À 1 HEURE

CALENDRIER DES FRUITS ET LÉGUMES

JANVIER

Ail
Betterave
Carotte de garde
Céleri-rave
Chicorée
Chou blanc
Chou de Bruxelles
Chou rouge
Courge
Cresson
Crosne
Endive
Épinard
Frisée
Mâche
Navet
Oignon de garde
Panais
Poireau
Pomme de terre
Roquette
Salsifis
Topinambour
Citron
Clémentine
Kiwi
Mandarine
Orange
Pamplemousse
Poire
Pomme

FÉVRIER

Ail
Betterave
Carotte de garde
Céleri-rave
Chicorée
Chou blanc
Chou de Bruxelles
Chou rouge
Courge
Cresson
Crosne
Endive
Épinard
Frisée
Mâche
Navet
Oignon de garde
Panais
Poireau
Pomme de terre
Roquette
Salsifis
Topinambour
Citron
Clémentine
Kiwi
Mandarine
Orange
Pamplemousse
Poire
Pomme
Ail
Asperge blanche

MARS

Asperge verte
Betterave
Blette
Carotte de garde
Céleri-branche
Céleri-rave
Chou blanc
Chou de Bruxelles
Chou frisé
Chou rouge
Cresson
Endive
Épinard
Frisée
Navet
Oignon de garde
Panais
Poireau
Pomme de terre
Radis
Roquette

Salsifis
Topinambour
Citron
Kiwi
Mandarine
Poire
Pomme
Ail

AVRIL

Artichaut
Asperge
Betterave
Blette
Carotte primeur
Chou-fleur
Cive
Concombre
Endive
Épinards
Frisée
Laitue
Navet
Oignon primeur
Petit pois
Poireau
Pomme de terre
Radis
Roquette
Citron
Pamplemousse
Pomme

MAI

Ail
Artichaut
Asperge blanche
Asperge verte
Betterave rouge
Blette
Carotte primeur
Céleri
Chou-fleur
Cive
Concombre
Épinard
Laitue
Navet
Oignon primeur
Petit pois
Poireau primeur
Pomme de terre primeur
Radis
Roquette
Cerise
Fraise
Pamplemousse
Rhubarbe

JUIN

Ail
Artichaut
Asperge blanche
Asperge verte
Aubergine
Betterave rouge
Blette
Brocoli
Carotte primeur
Céleri
Cive
Concombre
Courgette
Épinard
Fenouil
Haricot mange-tout
Haricot vert
Laitue
Navet
Oignon primeur
Petit pois
Poireau primeur
Poivron
Pomme de terre primeur
Radis
Tomate
Abricot
Cassis
Cerise
Citron
Fraise
Framboise
Groseille

Melon
Pamplemousse
Pastèque
Pêche
Pomme
Prune
Rhubarbe

JUILLET

Ail
Artichaut
Asperge
Aubergine
Betterave
Brocoli
Carotte
Céleri
Cive
Concombre
Courgette
Épinard
Fenouil
Haricot
Laitue
Maïs
Oignon primeur
Petit pois
Poireau primeur
Poivron
Pomme de terre
primeur
Radis
Tomate
Abricot
Cassis
Cerise
Figue
Fraise
Framboise
Groseille
Melon
Myrtille
Nectarine
Pastèque
Pêche
Poire
Prune
Rhubarbe

AOÛT

Ail
Artichaut
Aubergine
Betterave
Blette
Brocoli
Carotte de saison
Céleri
Cive
Concombre
Courgette
Épinard
Fenouil
Haricot
Laitue
Maïs
Oignon primeur
Poireau primeur
Poivron
Pomme de terre
primeur
Radis
Tomate
Abricot
Cassis
Figue
Fraise
Framboise
Groseille
Melon
Mirabelle
Mûre
Myrtille
Nectarine
Noisette
Pastèque
Pêche
Poire
Pomme
Prune
Raisin

SEPTEMBRE

Ail
Artichaut
Aubergine
Betterave
Blette
Brocoli
Carotte de saison
Céleri
Cive
Chou blanc
Chou de Bruxelles
Chou-fleur
Concombre
Courgette
Cresson
Épinard
Fenouil
Haricot
Laitue
Maïs
Oignon de garde
Panais
Poireau
Poivron
Potiron
Pomme de terre
Radis
Tomate

Coing
Figue
Melon
Mirabelle
Mûre
Myrtille
Noisette
Noix
Pastèque
Pêche
Poire
Pomme
Prune
Raisin

OCTOBRE

Ail
Betterave
Brocoli
Carotte de garde
Céleri
Chicorée
Chou blanc
Chou de Bruxelles
Chou-fleur
Concombre
Courge
Cresson
Endive
Épinard
Fenouil
Frisée
Laitue
Mâche
Maïs
Navet
Oignon
Poireau
Pomme de terre
Potiron
Roquette
Châtaigne
Citron
Coing
Figue
Framboise
Myrtille
Noisette
Noix
Poire
Pomme
Raisin

NOVEMBRE

Ail
Betterave
Carotte de garde
Céleri
Chicorée
Chou blanc
Chou de Bruxelles
Chou-fleur
Citrouille
Courge
Cresson
Crosne
Endive
Épinard
Fenouil
Frisée
Laitue
Mâche
Navet
Oignon de garde
Panais
Poireau
Pomme de terre
Potiron
Radis
Roquette
Salsifis
Topinambour
Châtaigne
Citron
Clémentine
Coing
Kiwi
Mandarine
Orange
Poire
Pomme

DÉCEMBRE

Ail
Betterave
Carotte de garde
Céleri
Chicorée
Chou de Bruxelles
Courge
Cresson
Endive
Épinard
Mâche
Navet
Oignon de garde
Poireau
Pomme de terre
Potiron
Roquette
Salsifis
Topinambour
Châtaigne
Citron
Clémentine
Kiwi
Mandarine
Orange
Poire
Pomme

CONSEILS ZÉRO DÉCHET

LE ZÉRO DÉCHET

• Si possible, privilégiez l'achat de produits en vrac en magasin spécialisé ou en grande surface. Cela permet d'éviter le surplus d'emballage et d'acheter la quantité nécessaire afin de ne pas gaspiller.

• Lors des courses, pensez à rapporter vos propres contenants, boîtes et sacs à vrac afin d'éviter au plus les emballages en plastique. Si vous ne pouvez pas acheter en vrac, privilégiez les emballages en carton ou bien ceux en verre, recyclables à l'infini ! Attention, certains emballages en carton cachent parfois du plastique, pensez à vérifier.

• Pour lutter contre le gaspillage alimentaire, vous pouvez établir votre planning des repas de la semaine avant de faire votre liste des courses. Cela évitera d'acheter des produits qui ne pourront pas être consommés à temps.

• Les produits avec la mention « date limite d'utilisation optimale » (DLUO) ou bien « à consommer de préférence avant le … » peuvent être mangés bien après la date indiquée sans risque pour le consommateur. Il faut les différencier des produits avec une « date limite de consommation » (DLC) qui, elle, doit être respectée. Cependant, certains produits à DLC, tels que les yaourts par exemple, peuvent aussi être consommés quelques jours après leur date de péremption.

• Vous pouvez utiliser les fanes et les épluchures dans de nouvelles recettes anti-gaspi (chips, bouillon, bisque, sauce, etc.) ou pour alimenter votre compost de cuisine. Les parts non comestibles de certains aliments peuvent aussi être utiles à la fabrication de produits ménagers ou encore de cosmétiques faits maison !

• Si vous emportez vos plats en vue d'un pique-nique ou d'un dîner à l'extérieur, pensez à remplacer la vaisselle jetable par une réutilisable (assiettes, serviettes en tissus et gobelets ecocup).

• Faire ses conserves et bocaux est un autre bon moyen de ne plus jeter. Il existe de nombreux tutoriels expliquant comment les réaliser soi-même. Ils permettent de conserver un surplus d'ingrédients pendant plus d'un an.

ET ÉCORESPONSABLES

LES INGRÉDIENTS

- Lors de vos courses, privilégiez au mieux les producteurs locaux ou français. Cela permet d'éviter la pollution liée au transport des marchandises et de soutenir l'agriculture française. Les circuits courts se développent de plus en plus et il est aujourd'hui possible d'acheter directement aux producteurs, à la ferme ou via des AMAP (http://www.reseau-amap.org/).

- Si vous le pouvez, préférez les produits bio. Sinon, privilégiez au mieux le bio sur les fruits et légumes dont vous consommez la peau tels que les tomates, les fraises ou encore les pommes.

- Il existe différents labels biologiques : Label Agriculture Biologique, Label Biologique Européen, Demeter ou encore Bio Cohérence. Chaque label possède ses spécificités et ses avantages. Vous pouvez vous renseigner sur internet afin d'apprendre à les reconnaître.

- Limitez au possible votre consommation d'ingrédients exotiques. Si vous achetez un aliment ou une épice qui vient de loin, réfléchissez à comment vous pourriez l'intégrer dans vos recettes au quotidien afin de ne pas gaspiller un produit précieux en l'oubliant au fond du placard.

- Consommez des fruits et légumes de saison. Il existe également une saisonnalité pour la viande et le poisson. N'hésitez pas à vous renseigner sur internet ou auprès de votre boucher et de votre poissonnier. Pour le poisson, il est aussi préférable d'éviter les espèces les plus menacées par la pêche intensive.

- Pour les œufs, il existe différentes catégories : vous pouvez repérer les codes allant de 0 à 3 sur les boîtes d'œufs. Le code 0 indique que les œufs sont issus d'un élevage de poule en plein air en mode biologique. Il s'agit du mode d'élevage à privilégier au mieux car c'est le plus respectueux pour les animaux et le seul pour lequel l'alimentation des poules est contrôlée. Au contraire, le code 3 est à éviter au maximum puisqu'il indique un élevage intensif et en batteries dans de très mauvaises conditions.

LE MATÉRIEL DE BASE

• Pour vos ustensiles de cuisine, il est préférable de choisir des revêtements en fonte naturelle, plus résistants et non toxiques. Il est également conseillé de privilégier les ustensiles en acier inoxydable et durable. Dans ce cas, n'oubliez pas de culotter vos poêles pour qu'elles n'attachent pas. De plus, évitez au maximum les matières qui peuvent s'avérer toxiques pour l'organisme telles que l'aluminium, le téflon ou encore le cuivre. Privilégiez la qualité de votre matériel de cuisine à la quantité.

• Pour nettoyer votre matériel, misez sur les produits ménagers naturels faits maison ! En plus d'être simples à réaliser, ces produits d'entretien sont économiques et très souvent multi-usages.

• Vous pouvez aussi pratiquer l'upcycling en réutilisant les vêtements que vous ne portez plus pour réaliser de nouvelles créations en tissus, qui vous seront utiles pour l'entretien de vos ustensiles de cuisine. Vous pourrez ainsi faire vos propres essuie-tout ou encore des éponges tawashi. En plus d'être totalement personnalisables en fonction de vos goûts et des tissus que vous avez sous la main, ce sont des produits lavables et réutilisables.

L'ÉNERGIE

• Pour faire des économies d'énergie, évitez de préchauffer votre four trop en avance. Lorsque vous utilisez votre four, vous pouvez en profiter pour faire cuire plusieurs recettes en simultanée ou encore pour faire décongeler ou réchauffer un autre plat.

• Vous pouvez économiser de l'eau en réutilisant l'eau de rinçage ou en faisant la vaisselle avec un bac pré-rempli. Vous pouvez également investir dans un aérateur d'eau pour faire des économies !

UN APÉRO 0 DÉCHET !

UNE VAISSELLE RECYCLABLE OU RÉUTILISABLE :

Si apéritif rime souvent avec vaisselle jetable, il est tout à fait possible de trouver des alternatives pour utiliser la vaisselle de tous les jours. Ainsi, vous pouvez remplacer les assiettes en carton par des assiettes à dessert réutilisables ou encore transformer vos verres pour en faire des verrines. Pensez également à remplacer les serviettes en papier par celles en tissus et à investir dans des pailles réutilisables en bambou ou en inox par exemple !

ACCOMPAGNEZ VOS APÉROS DE BOISSONS LOCALES :

Si vous comptez accompagner votre apéro de boissons, privilégiez les producteurs locaux et les boissons artisanales en circuit court. En plus, de diminuer l'impact écologique lié au transport des marchandises, vous soutiendrez les agriculteurs et producteurs français et pourrez découvrir les vignobles ou les cidreries autours de chez vous. C'est une bonne occasion d'en apprendre un peu plus sur les produits de votre région ! Vous pouvez aussi réaliser des boissons faites maison et naturelles à base de plantes ou de fruits (kombucha, citronnade, thé glacé etc.)

EN 5 À 15 MINUTES

ROULEAUX DE PRINTEMPS,
SAUCE AUX CACAHUÈTES

Pour 12 pièces
Préparation : 10 min
Cuisson : 15 min

12 galettes de riz
150 g de restes de poulet, de bœuf ou de porc cuit
40 g de vermicelles de riz
1 carotte
⅓ de concombre
100 g de germes de soja
1 poignée de feuilles de menthe et de coriandre
5 cl de vinaigre de riz
½ cuillerée à soupe de sucre
Sel et poivre

Sauce :
50 g de cacahuètes grillées non salées
1 petit morceau de gingembre
15 cl de sauce hoisin
10 cl d'eau
1 cuillerée à soupe d'huile d'arachide

1. Râpez le gingembre et faites-le revenir 2 minutes à feu doux dans une casserole avec l'huile. Ajoutez les cacahuètes hachées. Mélangez, puis versez la sauce hoisin et l'eau. Laissez mijoter 2 minutes, puis retirez du feu et laissez refroidir.

2. Portez une casserole d'eau à ébullition. Hors du feu, plongez les vermicelles en morceaux. Couvrez, laissez reposer 3 minutes, égouttez et rincez à l'eau froide.

3. Épépinez le concombre et taillez-le en bâtonnets très fins. Râpez la carotte avec le gros côté de la râpe. Hachez finement la viande. Versez le tout dans un saladier et ajoutez les herbes hachées, le soja, les vermicelles, le vinaigre de riz et le sucre. Mélangez, salez et poivrez.

4. Plongez 2 galettes de riz 15 secondes dans l'eau chaude, l'une après l'autre. Placez-les sur un plateau.

5. Déposez une cuillerée de farce au centre de chaque feuille, dans la moitié inférieure, en lui donnant une forme allongée. Pliez le bas de la feuille sur la farce, rabattez les côtés et enroulez. Préparez ainsi 12 rouleaux. Servez frais, avec la sauce.

GUACAMOLE MENTIROSO

Pour 1 grand bol
Préparation : 10 min
Cuisson : 8 min

1 brocoli (400 g)
1 citron vert
1 tomate
½ oignon rouge (ou 1 petit)
2 cuillerées à soupe de coriandre fraîche hachée
Tabasco®
Sel et poivre

1. Séparez les fleurs du brocoli en petits bouquets. Coupez les tiges et le pied en petits dés. Faites cuire le tout 8 minutes à l'eau bouillante salée. Égouttez, rincez à l'eau froide puis laissez égoutter de nouveau.

2. Épépinez la tomate et taillez-la en tout petits dés. Hachez finement l'oignon rouge.

3. Pressez le brocoli dans la passoire pour en éliminer un maximum d'eau. Transférez-le dans un saladier et écrasez avec un presse-purée (ou mixez pour une texture plus lisse). Ajoutez la tomate, l'oignon, la coriandre, le jus du citron vert (tout ou une partie, selon vos goûts), du Tabasco®, du sel et du poivre. Mélangez bien.

4. Servez comme un guacamole classique, avec des nachos. Excellent aussi en accompagnement de grillades, sur du pain, avec des crevettes ou du crabe.

ASTUCE

Comme la version classique à l'avocat, ce guacamole a tendance à brunir au fil des heures : évitez donc de le préparer longtemps à l'avance.

TAPENADE
D'OLIVES NOIRES

Pour 1 bol • Préparation : 5 min

250 g d'olives noires dénoyautées • 1 boîte de filets d'anchois à l'huile (55 g) • 4 c. à café de câpres • 1 petite gousse d'ail • 8 cl d'huile d'olive

1. Mettez les olives dans le bol du hachoir. Ajoutez les anchois égouttés et grossièrement hachés au couteau, les câpres, la gousse d'ail pressée et l'huile d'olive. Faites tourner jusqu'à obtention d'une purée homogène, mais pas trop moulue. Rectifiez l'assaisonnement.

2. Servez à l'apéro, sur des rondelles de baguette grillée ou sur des demi-tomates cerises. La tapenade est également délicieuse associée à du fromage de chèvre, avec des poissons grillés, pour garnir le fond d'une quiche avant d'y ajouter la préparation...

DIP À LA FETA
ET AUX POIVRONS GRILLÉS

Pour 1 grand bol • Préparation : 5 min

200 g de feta • 200 g de yaourt grec épais • 100 g de poivrons grillés à l'huile (poids égoutté) • 8 feuilles de menthe • 3 brins d'aneth • Sel et poivre

1. Coupez la feta en dés et mettez-les dans le bol du hachoir. Ajoutez le yaourt, les feuilles de menthe, l'aneth, les poivrons et 2 cuillerées à soupe de leur huile.

2. Faites tourner jusqu'à obtention d'un mélange homogène. Rectifiez l'assaisonnement.

3. Servez à l'apéro, avec des lanières de pain pita grillé ou des bâtonnets de concombre.

TARTINADE DE SARDINES
AU CITRON VERT

Pour 1 bol • Préparation : 10 min

2 boîtes de sardines à l'huile d'olive, sans peau ni arêtes (2 x 90 g) • 1 citron vert • ¼ à ½ oignon rouge (selon sa grosseur) • 2 cuillerées à soupe de coriandre fraîche hachée • ½ pot de ricotta (125 g) • Tabasco® • Sel et poivre

1. Versez les sardines et leur huile dans un saladier. Émiettez-les finement à la fourchette. Ajoutez la ricotta, la coriandre et l'oignon rouge très finement haché.

2. Râpez finement le zeste du citron vert. Pressez-en le jus. Ajoutez le tout à la préparation, mélangez et rectifiez l'assaisonnement, en ajoutant du Tabasco® selon vos goûts.

3. Dégustez sur du pain ou des toasts, à l'apéro.

TARTINADE DE TOMATES AUX NOISETTES

Pour 1 bol • Préparation : 10 min

1 pot de tomates semi-séchées à l'huile (220 g) • 60 g de noisettes grillées • 2 cuillerées à soupe de câpres • Quelques feuilles de basilic • 2 cuillerées à soupe de vinaigre balsamique

1. Égouttez les tomates et versez-les dans le bol du hachoir. Ajoutez 8 cuillerées à soupe de leur huile de macération.

2. Ajoutez également les noisettes, les câpres, le vinaigre et le basilic. Faites tourner jusqu'à obtention d'une préparation homogène.

3. Dégustez sur du pain ou des toasts, à l'apéro ou en entrée. Cette tartinade est délicieuse sur un sandwich, avec de la mozzarella ou du fromage de chèvre frais.

ASTUCE

Si vous n'avez pas de noisettes déjà grillées, faites griller doucement des noisettes dans une poêle anti-adhésive, sans matière grasse.

SPREAD D'AVOCAT
AUX DEUX SAUMONS

Pour 1 grand bol
Préparation : 10 min
Cuisson : 2 min

200 g de filet de saumon sans peau
100 g de saumon fumé
2 avocats mûrs à point
2 citrons verts
2 ciboules
2 cuillerées à soupe de coriandre fraîche hachée
Tabasco®
Sel et poivre

1. Coupez le filet de saumon en morceaux, déposez-les dans une assiette, couvrez et faites cuire 2 minutes au micro-ondes (900 watts). Laissez refroidir.

2. D'autre part, prélevez la chair des avocats, mettez-la dans un saladier, arrosez de jus de citron vert (adaptez la quantité selon vos goûts) et écrasez avec un presse-purée.

3. Ajoutez les ciboules hachées, le Tabasco®, la coriandre et le saumon fumé grossièrement haché.

4. Égouttez le saumon cuit et écrasez-le à la fourchette. Ajoutez-le à la préparation, mélangez bien et rectifiez l'assaisonnement.

5. Servez frais, sur du pain ou des toasts.

ASTUCE

Vous pouvez également farcir des tomates avec cette préparation.

HOUMOUS
DE HARICOTS BLANCS

Pour 1 grand bol • Préparation : 10 min

2 boîtes de haricots blancs (2 x 240 g, poids égoutté) • 1 petite gousse d'ail (facultatif) • 4 brins de persil plat • Pimenton picante (paprika espagnol) • 3 à 4 c. à soupe de jus de citron • 4 c. à soupe d'huile d'olive • Sel et poivre

1. Égouttez les haricots blancs et rincez-les abondamment à l'eau froide. Versez-les dans le bol du mixeur et ajoutez l'huile, le jus de citron, le pimenton, les feuilles de persil et, si vous le souhaitez, la gousse d'ail pressée. Mixez, en laissant éventuellement quelques haricots entiers.

2. Rectifiez l'assaisonnement et servez frais, à l'apéro, comme sauce dip avec des picos ou des gressins, des crudités, des bâtonnets de pomme ou des crevettes.

SPREAD DE POULET
AU CURRY ET AU CHUTNEY

Pour 1 grand bol • Préparation : 10 min

Un restant de poulet rôti (200 g, net) • 2 œufs durs • 2 ciboules • 50 g de raisins secs (facultatif) • 50 g de mayonnaise • 80 g de yaourt grec • 50 g de chutney de mangue • 1 c. à café de curry en poudre • Sel et poivre

1. Mélangez la mayonnaise, le yaourt grec, le chutney de mangue et le curry dans un petit saladier. Ajoutez les ciboules finement hachées (le blanc + deux tiers du vert) et, éventuellement, les raisins secs.

2. Émiettez le poulet et hachez-le grossièrement. Hachez finement les œufs durs. Versez le tout sur la sauce et mélangez soigneusement ; rectifiez l'assaisonnement.

3. Dégustez à l'apéro sur de petits toasts.

SAUCE DIP
À LA HARISSA

Pour 1 bol
Préparation : 10 min

100 g de mayonnaise
100 g de yaourt grec épais
1 petite gousse d'ail (facultatif)
2 cuillerées à soupe de coriandre fraîche hachée
2 cuillerées à café de harissa en tube
1 cuillerée à dessert de jus de citron vert
1 cuillerée à café rase de miel liquide
Sel et poivre

1. Mélangez la mayonnaise et le yaourt grec. Ajoutez le miel, la coriandre, le jus de citron vert, la harissa et, éventuellement, la gousse d'ail pressée. Mélangez et rectifiez l'assaisonnement ; ajoutez encore de la harissa si vous souhaitez une sauce très relevée.

2. Servez frais, à l'apéro, comme sauce dip avec du pain, des crudités, des bâtonnets de pomme ou des crevettes.

ASTUCE

Cette sauce est également délicieuse pour accompagner les grillades : brochettes, merguez, scampis.

HOUMOUS
PIQUANT

Pour 1 grand bol • Préparation : 10 min

2 boîtes de pois chiches cuits (2 x 240 g, poids égoutté) • 1 citron • Une grosse poignée de feuilles de menthe • 1 c. à café de cumin en poudre • Harissa • 1 c. à soupe d'huile de sésame grillé • 6 à 8 c. à soupe d'huile d'olive • Sel

1. Égouttez les pois chiches, tout en conservant leur jus à part.

2. Versez-les dans le bol du hachoir et ajoutez les huiles d'olive et de sésame, les feuilles de menthe, le jus du citron, le cumin, du sel et 4 cuillerées à soupe du jus des pois-chiches.

3. Faites tourner jusqu'à obtention d'une purée homogène. Ajoutez de la harissa selon vos goûts et rectifiez l'assaisonnement.

4. Servez à l'apéro avec des gressins au sésame et des bâtonnets de carottes.

DIP DE CONCOMBRE À L'INDIENNE

Pour 1 bol • Préparation : 10 min • Repos : 30 min

1 concombre (environ 400 g) • 50 g de raisins secs blonds • 2 pots de yaourt à la grecque (300 g) • 1 bouquet de coriandre • 1 c. à café de curry en poudre • Sel et poivre

1. Taillez le concombre en fines rondelles, salez-les et laissez-les dégorger 30 minutes dans une passoire.

2. Mélangez les yaourts, le curry, les raisins secs et la coriandre hachée dans un petit saladier.

3. Essorez les concombres entre vos mains, en plusieurs fois, et transférez-les au fur et à mesure dans le yaourt. Mélangez bien et rectifiez l'assaisonnement.

4. Servez frais, à l'apéro, avec des triangles de pain naan grillé ou des crudités.

DIP
AU SAUMON FUMÉ

Pour 1 grand bol
Préparation : 10 min

140 g de saumon fumé
250 g de fromage blanc
2 ou 3 ciboules
50 g de mayonnaise
1 cuillerée à soupe de jus de citron
Sel et poivre

1. Hachez grossièrement le saumon fumé au couteau et mettez-le dans le bol du hachoir avec la moitié du fromage blanc. Faites tourner jusqu'à obtention d'un mélange homogène.

2. Versez dans un plat. Ajoutez le reste du fromage blanc, la mayonnaise, le jus de citron et les ciboules hachées aussi finement que possible. Mélangez bien et rectifiez l'assaisonnement.

3. Servez à l'apéro, sur de petits toasts ou en sauce dip, avec des crudités.

ASTUCE

À essayer absolument avec des bâtonnets de pomme verte, dont le goût acidulé s'associe très bien au gras du saumon fumé. Préparez vos bâtonnets à l'avance et conservez-les au réfrigérateur, trempés dans de l'eau additionnée d'un peu de jus de citron pour qu'ils gardent leur belle couleur.

DIP DE RICOTTA
AU BASILIC

Pour 1 bol • Préparation : 10 min

1 pot de ricotta (250 g) • 2 c. à soupe de pignons de pin grillés • 2 bouquets de basilic (30 g de feuilles) • 2 c. à soupe de parmesan • ½ c. à soupe de jus de citron • 2 c. à soupe d'huile d'olive • Sel et poivre

1. Mettez les feuilles de basilic dans le bol du hachoir, ajoutez les pignons, le parmesan, l'huile et le jus de citron. Faites tourner jusqu'à obtention d'un mélange homogène, mais pas trop moulu.

2. Mélangez avec la ricotta et rectifiez l'assaisonnement.

3. Servez à l'apéro, avec des gressins.

TREMPETTE
DE CHOU-FLEUR THAÏ

Pour 8 personnes • Préparation : 10 min • Repos : 1 h

1 chou-fleur • 4 citrons verts • 2 c. à soupe de cacahuètes grillées • 2 c. à soupe de coriandre fraîche hachée • 8 cl de sauce piquante sucrée • 4 c. à soupe de sauce de poisson

1. Pressez le jus des citrons verts : il vous en faut 10 cl. Versez-le dans un grand saladier et ajoutez la sauce piquante sucrée, la sauce de poisson et la coriandre.

2. Détaillez le chou-fleur en bouquets et versez-les dans le saladier. Mélangez bien, couvrez et laissez reposer 1 heure au réfrigérateur.

3. Égouttez un peu le chou-fleur, parsemez-le de cacahuètes concassées et servez frais avec la marinade dans un bol à part.

FONDS D'ARTICHAUTS
AU CHÈVRE FRAIS ET À LA CIBOULETTE

Pour 8 pièces
Préparation : 10 min

8 fonds d'artichauts cuits (en bocal)
200 g de chèvre frais (type bûche)
4 cuillerées à soupe de ciboulette hachée
2 cuillerées à soupe de pignons de pin
4 cuillerées à soupe d'huile d'olive
Poivre

1. Faites griller les pignons à sec, dans une poêle anti-adhésive.

2. Écrasez le fromage à la fourchette avec l'huile d'olive, jusqu'à obtention d'une texture malléable. Ajoutez la ciboulette et du poivre, mélangez bien.

3. Égouttez les fonds d'artichauts et épongez-les avec du papier absorbant. Répartissez-y le fromage et parsemez de pignons.

4. Servez frais, à l'apéro.

ASTUCE

Vous pouvez garnir les fonds à l'avance et les garder au réfrigérateur, mais dans ce cas, ajoutez les pignons seulement au moment de servir, pour qu'ils restent croquants.

BARQUETTES DE ROMAINE
AUX CREVETTES

Pour 8 personnes
Préparation : 10 min

4 cœurs de laitue romaine
300 g de petites crevettes roses
½ concombre
1 citron vert
½ oignon rouge
Quelques brins de menthe
Quelques brins de coriandre
1 yaourt nature bulgare (125 g)
2 cuillerées à soupe de mayonnaise
Sel et poivre

1. Coupez le demi-concombre en deux dans la longueur, épépinez-le et taillez-le en dés. Dans un saladier, mélangez les dés de concombre, les crevettes et l'oignon très finement haché. Ajoutez également les herbes hachées.

2. Râpez finement le zeste du citron vert et pressez-en le jus.

3. Mélangez le yaourt avec la mayonnaise, le zeste ainsi que le jus de citron vert.

4. Versez les deux tiers de la sauce sur la salade, mélangez et rectifiez l'assaisonnement.

5. Détachez les feuilles de cœurs de laitue et disposez-les dans des assiettes ou sur un grand plat. Garnissez-les de salade de crevettes.

6. Servez frais, à l'apéro, en présentant le reste de la sauce à part.

TARTINADE DE SAUMON
FAÇON TARAMA

Pour 1 bol
Préparation : 10 min
Cuisson : 15 min

100 g de filet de saumon frais
1 tranche de saumon fumé (35 g)
1 tranche de pain sans la croûte (30 g)
¼ à ½ oignon rouge (selon sa grosseur)
½ citron
Un peu de lait
3 cuillerées à soupe d'huile d'olive
Sel et poivre

1. Coupez le saumon frais en dés et plongez-les dans une petite casserole d'eau bouillante. Retirez du feu, couvrez et laissez pocher 5 minutes. Égouttez et laissez tiédir.

2. Faites tremper le pain dans un peu de lait.

3. Hachez le saumon fumé et l'oignon rouge. Versez-les dans un pichet, puis ajoutez le saumon cuit, du sel et du poivre. Mixez finement, puis ajoutez progressivement l'huile d'olive, sans cesser de mixer, comme pour monter une mayonnaise.

4. Essorez le pain entre vos mains et ajoutez-le dans la préparation. Mixez à nouveau et ajoutez du jus de citron selon vos goûts.

5. Servez à l'apéro, avec des rondelles de concombre et des olives.

TOASTS GRATINÉS AUX CREVETTES GRISES

Pour 30 pièces
Préparation : 10 min
Cuisson : 10 min

1 paquet de toasts ronds
50 g de crevettes grises décortiquées
20 g de fromage râpé
10 g de farine (1 cuillerée à soupe)
Paprika
Persil haché
12,5 cl de lait, de bisque ou de bouillon de poisson
10 g de beurre (une noix)
Sel et poivre

1. Préchauffez le four à 210 °C (th. 7).

2. Faites fondre le beurre dans une casserole, saupoudrez de farine, mélangez 1 minute, puis ajoutez progressivement le liquide choisi et une pointe de paprika. Laissez mijoter 2 minutes, puis retirez du feu et ajoutez les crevettes. Rectifiez l'assaisonnement.

3. Déposez les toasts sur la plaque du four recouverte de papier cuisson. Tartinez-les de béchamel aux crevettes. Parsemez de fromage râpé.

4. Faites dorer 5 minutes au four. Parsemez de persil haché et servez tiède, à l'apéro.

ASTUCE

Vous pouvez garnir des mini-bouchées feuilletées de la même manière ; dans ce cas, doublez les quantités de sauce.

HOUMOUS
DE CŒURS DE PALMIER

Pour 1 grand bol • Préparation : 10 min

2 boîtes de cœurs de palmier (2 x 220 g, poids égoutté) • ½ citron (facultatif) • 3 ciboules • 1 petite gousse d'ail (ou ½) • 8 à 10 cl d'huile d'olive • Sel et poivre

1. Égouttez les cœurs de palmier, coupez-les en morceaux et versez-les dans le bol du mixeur. Ajoutez l'huile d'olive et la gousse d'ail pressée.

2. Mixez, rectifiez l'assaisonnement et, selon vos goûts, ajoutez éventuellement un peu de jus de citron. Ajoutez les ciboules finement émincées et mélangez juste un peu.

3. Servez frais, à l'apéro, avec des gressins, des bâtonnets de légumes ou des crevettes roses.

CRÈME DE BETTERAVE
AUX NOIX

Pour 1 grand bol • Préparation : 10 min

1 petite betterave cuite (environ 125 g) • 125 g de mascarpone • 1 grosse c. de fromage blanc entier ou de yaourt grec (50 g) • 60 g de cerneaux de noix • 1 petite gousse d'ail (facultatif) • Sel et poivre

1. Versez les noix dans le bol du hachoir et ajoutez la betterave coupée en dés, ainsi que le fromage blanc et, éventuellement, la gousse d'ail pressée. Mixez jusqu'à l'obtention d'un mélange homogène.

2. Versez dans un bol et ajoutez le mascarpone, du sel et du poivre. Mélangez bien.

3. Servez frais avec des crackers, des crudités, des bâtonnets de pomme ou des crevettes.

BROCHETTES-APÉRO
SICILIENNES

Pour 20 pièces
Préparation : 10 min

1 sachet de billes de mozzarella
20 tomates prunes ou cerises
20 olives vertes ou noires, dénoyautées
1 bocal de filets d'anchois roulés aux câpres (100 g)
1 cuillerée à soupe de basilic haché
2 cuillerées à soupe d'huile d'olive
Sel et poivre

1. Versez les billes de mozzarella et les tomates dans une assiette creuse, ajoutez l'huile et le basilic, salez légèrement, poivrez et mélangez.

2. Égouttez les olives et les anchois.

3. Confectionnez des brochettes composées chacune d'une olive, d'une bille de mozzarella, d'une tomate et d'un anchois roulé.

4. Réservez au frais jusqu'au moment de servir, à l'apéro.

CRÈME DE FETA
AU HOUMOUS

Pour 1 grand bol
Préparation : 10 min
Cuisson : 3 min

125 g de feta
1 pot de houmous (200 g)
¼ de poivron rouge
2 ciboules
8 cl de crème fraîche
1 petite gousse d'ail (facultatif)
Cumin en poudre
Sel et poivre

1. Taillez le morceau de poivron en tout petits morceaux et plongez-les dans une casserole d'eau bouillante. Laissez mijoter 3 minutes, puis égouttez et rafraîchissez à l'eau froide.

2. Écrasez finement la feta et la crème fraîche à la fourchette. Ajoutez le houmous, le cumin, les ciboules finement hachées (le blanc + deux tiers du vert), les morceaux de poivron épongés et, éventuellement, la gousse d'ail pressée. Mélangez bien et rectifiez l'assaisonnement (attention, la feta et le houmous sont déjà salés).

3. Servez frais, à l'apéro, comme sauce dip avec de la focaccia ou du pain grillé, des crudités, des bâtonnets de pomme ou des crevettes.

MINI-PITAS
D'ŒUFS BROUILLÉS AUX CREVETTES

Pour 4 personnes
Préparation : 10 min
Cuisson : 5 min

4 mini pains pita (10 à 12 cm de diamètre)
5 œufs
120 g de petites crevettes roses
1 citron vert
Quelques feuilles de laitue romaine
½ piment rouge
7 cl de lait de coco
1 cuillerée à soupe de coriandre fraîche hachée
2 cuillerées à soupe d'huile d'arachide

1. Râpez finement le zeste du citron vert : il vous en faut une bonne cuillerée à café.

2. Battez les œufs en omelette avec le lait de coco, la coriandre, le zeste de citron vert et le piment très finement haché. Ajoutez les crevettes et mélangez.

3. Faites chauffer un peu l'huile d'arachide dans une poêle, versez-y la préparation et faites prendre à feu doux, en mélangeant avec une cuillère en bois, jusqu'à obtention d'œufs brouillés crémeux.

4. Pendant ce temps, réchauffez les pains pita dans le grille-pain. Coupez-les en deux et garnissez-les avec les œufs brouillés.

5. Servez chaud, à l'apéro.

ASTUCE

Les crevettes apportent normalement assez de sel à la préparation. Si vous désirez néanmoins en ajouter, utilisez plutôt de la sauce de poisson.

MINI-TOMATES D'AMOUR

Pour 6 à 8 personnes
Préparation : 5 min
Cuisson : 10 min

200 g de tomates cerises
200 g de sucre semoule
Gros sel

1. Équeutez les tomates et piquez-les avec un cure-dents. Préparez un plateau et déposez-y une feuille de silicone ou de papier cuisson.

2. Versez le sucre et 5 cl d'eau dans une petite casserole. Portez à ébullition et poursuivez la cuisson jusqu'à obtention d'un caramel clair. Retirez du feu et plongez-y rapidement les tomates, une par une, en les déposant au fur et à mesure sur le plateau, le pique dressé vers le haut. Saupoudrez de gros sel avant que le caramel ne soit figé.

ASTUCE

Travaillez prudemment (les brûlures au caramel sont les pires qui soient) et rapidement. Si le caramel n'est plus assez liquide, remettez-le un peu sur le feu, à basse température.

ROULADES MIMOSA
AUX ASPERGES ET AU SAUMON FUMÉ

Pour 8 pièces • Préparation : 10 min

8 petites tranches de saumon fumé (250 g) • 16 grandes asperges au naturel (1 bocal de 205 g, poids égoutté) • 4 œufs durs • 4 c. à soupe de mayonnaise au citron • 2 c. à soupe de persil haché • 1 laitue romaine émincée

1. Égouttez les asperges sur du papier absorbant.

2. Écalez les œufs durs et écrasez-les à la fourchette. Ajoutez la mayonnaise et le persil, mélangez bien.

3. Déposez 2 asperges sur une tranche de saumon, recouvrez-les de salade mimosa et rabattez le saumon par-dessus. Préparez ainsi 8 roulades.

4. Déposez-les dans un plat, sur un lit de laitue romaine émincée. Couvrez et placez au réfrigérateur jusqu'au moment de servir.

CROQUE-MONSIEUR
AUX ASPERGES ET AU SAUMON FUMÉ

Pour 16 pièces • Préparation : 10 min • Cuisson : 5 min

1 pot de mini-asperges vertes (110 g) • 150 g de saumon fumé en tranches • 2 boules de mozzarella di bufala (2 x 125 g) • 8 grandes tranches de pain bis • Beurre • Poivre

1. Faites cuire les asperges 3 minutes à l'eau bouillante salée. Égouttez-les et rincez-les à l'eau froide.

2. Beurrez légèrement 4 tranches de pain et retournez-les sur une planche. Disposez-y le saumon, puis les asperges et, pour finir, la mozzarella taillée en tranches. Poivrez.

3. Beurrez légèrement les 4 autres tranches de pain et refermez les croques, de façon que les faces beurrées se trouvent sur l'extérieur. Faites-les dorer à feu doux, sur les deux faces, dans des poêles anti-adhésives ou au four.

4. Coupez les croque-monsieur en quatre et servez aussitôt, à l'apéro.

BROCHETTES DE BOUDIN
AUX POMMES

Pour 8 pièces
Préparation : 10 min
Cuisson : 5 min

2 boudins blancs (2 x 100 g)
½ à ¾ de pomme (selon sa grosseur)
½ citron
Ciboulette
1 pincée de quatre-épices
2 cuillerées à soupe d'huile

1. Épluchez le morceau de pomme, coupez-le en quartiers. Taillez ces derniers en tranches épaisses. Mélangez-les au jus du demi-citron pour qu'elles ne noircissent pas.

2. Taillez le boudin en rondelles épaisses. Piquez-les de part en part, dans l'épaisseur, sur des piques en bois, en alternance avec les morceaux de pomme.

3. Mélangez l'huile et le quatre-épices ; badigeonnez-en les brochettes. Faites-les griller au barbecue ou à la poêle.

4. Parsemez de ciboulette hachée et servez chaud, à l'apéro.

BROCHETTES DE BŒUF
AU FROMAGE

Pour 8 pièces
Préparation : 10 min
Cuisson : 2 min

200 g de carpaccio de bœuf (8 tranches)
200 g de cheddar blanc, en bloc
2 cuillerées à soupe de sauce teriyaki
Huile

1. Taillez le cheddar en 8 bâtonnets, pas trop fins.

2. Badigeonnez 1 tranche de carpaccio de sauce teriyaki. Déposez 1 bâtonnet de fromage dessus, centré, parallèlement au côté le plus long. Repliez les extrémités vers le centre et enroulez, comme un nem.

3. Confectionnez ainsi 8 roulades puis enfilez-les sur des piques en bois. Badigeonnez d'huile et faites griller très rapidement, au barbecue ou à la poêle, en les tournant pour que la viande soit saisie de tous côtés.

4. Servez sans attendre.

SANDWICHS AU CONCOMBRE ET AU SAUMON FUMÉ

Pour 12 pièces • Préparation : 10 min

12 tranches de pain de mie • 150 g de saumon fumé • ⅔ de concombre • 150 g de fromage frais en barquette • 2 c. à soupe de ciboulette hachée • Poivre

1. Retirez la croûte des tranches de pain de mie. Tartinez-en six de fromage frais, jusqu'au bord. Parsemez de ciboulette et poivrez.

2. Taillez le concombre en rondelles ultra-fines, avec une mandoline. Recouvrez les tranches tartinées de 3 rangées de rondelles de concombre, en les faisant se chevaucher à moitié. Déposez le saumon fumé par-dessus, de manière à couvrir toute la surface du pain.

3. Fermez les sandwichs puis coupez-les en deux en diagonale. Conservez-les au réfrigérateur, dans du film alimentaire.

4. Servez frais, à l'apéro.

CANAPÉS DE CONCOMBRE AU THON

Pour 20 pièces • Préparation : 10 min

1 boîte de thon au naturel (150 g, poids égoutté) • 1 concombre • ½ tomate • 1 c. à soupe de câpres • 3 c. à soupe de mayonnaise • 1 c. à soupe de ketchup • 1 c. à café rase de zeste de citron finement râpé • Tabasco®

1. Égouttez bien le thon et mélangez-le avec la mayonnaise, le ketchup, les câpres, le zeste de citron et quelques gouttes de Tabasco®.

2. Taillez le concombre en rondelles épaisses (d'environ 5 mm d'épaisseur). Garnissez-les d'un peu de salade de thon et disposez-les au fur et à mesure sur un plat.

3. Épépinez la demi-tomate et taillez-la en petits dés. Déposez-en un sur chaque canapé. Couvrez de film alimentaire et mettez au réfrigérateur.

4. Servez frais, à l'apéro.

ROULEAUX DE SAUMON
À LA POMME ET AUX CŒURS DE PALMIER

Pour 12 pièces
Préparation : 10 min

6 tranches de saumon fumé (220 g)
50 g de cœurs de palmiers (en boîte)
12 feuilles de laitue romaine
½ pomme verte
1 botte de ciboulette
1 cuillerée à soupe de mayonnaise
1 cuillerée à soupe de yaourt grec épais ou de fromage blanc
3 cuillerées à soupe de jus de citron
Sel et poivre

1. Taillez la demi-pomme (non épluchée) en tout petits dés et mettez-les dans une assiette creuse contenant le jus de citron, mélangez bien. Ajoutez le cœur de palmier également taillé en petits dés, ainsi que la mayonnaise, le yaourt et 1 cuillerée à soupe de ciboulette hachée. Mélangez et rectifiez l'assaisonnement.

2. Plongez au moins 12 longs brins de ciboulette dans une petite casserole d'eau bouillante. Égouttez-les après 30 secondes et rafraîchissez-les à l'eau froide.

3. Déposez un brin de ciboulette cuit sur une planche, recouvrez-le d'une demi-tranche de saumon et garnissez d'un peu de farce aux pommes. Enroulez et maintenez fermé en nouant la ciboulette. Préparez ainsi 12 rouleaux puis déposez-les dans des feuilles de laitue.

4. Servez frais, à l'apéro.

BRUSCHETTA
AUX TOMATES

Pour 16 pièces
Préparation : 10 min
Repos : 20 min

4 tranches épaisses de pain de campagne
450 g de tomates
2 gousses d'ail
2 cuillerées à soupe de basilic haché + 16 petites feuilles
3 cuillerées à soupe d'huile d'olive
Sel et poivre

1. Coupez les tomates en deux, épépinez-les et taillez-les en petits dés. Salez-les et laissez-les égoutter 20 minutes dans une passoire.

2. Pendant ce temps, coupez les tranches de pain en quatre et faites-les griller, au four ou au grille-pain. Frottez-les avec les gousses d'ail coupées en deux tant qu'elles sont encore chaudes. Laissez-les refroidir sur une grille ou sur un linge pour qu'elles restent bien croquantes.

3. Égouttez soigneusement les tomates, ajoutez l'huile d'olive et le basilic haché. Rectifiez l'assaisonnement et répartissez-les sur les bruschetta. Décorez d'une feuille de basilic et servez aussitôt, à l'apéro.

BROCHETTES
DE MOULES PANÉES

Pour environ 12 brochettes
Préparation : 10 min
Cuisson : 2 min par fournée

200 g de chair de moules cuites
1 œuf
Quelques quartiers de citron
60 g de chapelure
1 yaourt nature (125 g)
1 cuillerée à soupe de persil finement haché
2 cuillerées à soupe de sauce tartare
Huile de friture
Sel et poivre

1. Mélangez le yaourt et la sauce tartare ; rectifiez l'assaisonnement. Réservez.

2. Battez l'œuf en omelette avec du sel et du poivre. Mélangez la chapelure et le persil.

3. Enfilez les moules 3 par 3 sur des brochettes. Passez-les dans l'œuf, puis dans la chapelure.

4. Plongez-les 2 minutes environ dans la friteuse (chauffée à 180 °C). Égouttez sur du papier absorbant.

5. Servez chaud à l'apéro, avec la sauce et des quartiers de citron.

ASTUCE

Vous pouvez utiliser un restant de moules cuisinées décoquillées ou acheter des moules cuites décoquillées, nature ou au citron.

MINI-TORTILLAS
NORD-SUD

Pour 8 pièces
Préparation : 10 min

200 g de saumon fumé
8 mini-tortillas d'environ 14 cm de diamètre (200 g)
1 avocat mûr à point
¼ de concombre
1 citron vert
3 ciboules
25 g de roquette
20 cl de crème épaisse

1. Émincez finement le concombre et les ciboules (le blanc + deux tiers du vert).

2. Pressez le jus du citron vert dans une assiette creuse. Coupez l'avocat en deux, enlevez le noyau, coupez chaque moitié en deux, décollez la peau et taillez chaque quart en 4 lamelles. Mélangez-les soigneusement au jus de citron pour éviter qu'elles ne noircissent.

3. Réchauffez les tortillas au micro-ondes, entre deux assiettes (30 secondes à 800 watts). Disposez-les sur une grande planche et répartissez-y la crème. Étalez-la et parsemez de ciboule hachée. Salez et poivrez. Garnissez le centre de saumon fumé et ajoutez une rangée de rondelles de concombre, 2 lamelles d'avocat égouttées et un peu de roquette. Enroulez et maintenez fermé avec de petits piques à cocktail.

4. Couvrez et mettez au frais jusqu'au moment de servir, à l'apéro.

TOMATES FARCIES
AU POISSON

Pour 6 pièces
Préparation : 10 min

200 g de poisson cuit
(saumon, cabillaud...)
3 tomates, pas trop grosses
2 ou 3 ciboules
1 cuillerée à soupe
de mayonnaise
1 cuillerée à soupe de yaourt
grec ou de fromage blanc
Sel et poivre

1. Coupez les tomates en deux horizontalement, évidez-les et salez-les. Déposez-les, côté coupé vers le bas, sur du papier absorbant.

2. Écrasez le poisson à la fourchette et ajoutez la mayonnaise, le yaourt, les ciboules hachées (le blanc + trois quarts du vert), du sel et du poivre. Mélangez bien.

3. Épongez l'intérieur des demi-tomates avec du papier absorbant et farcissez-les avec le mélange.

4. Servez frais, à l'apéro.

ASTUCE
Certains poissons sont plus secs que d'autres : vous devrez peut-être ajouter un peu de mayonnaise ou de yaourt.

GALETTES DE PÂTES
AU FROMAGE

Pour 3 à 4 personnes
Préparation : 10 min
Cuisson : 3 min par fournée

250 g de pâtes cuites
1 œuf
1 bonne cuillerée à soupe de farine (25 g)
5 cl de lait
50 g de gruyère râpé
2 cuillerées à soupe de persil haché
2 cuillerées à soupe d'huile d'olive
Sel et poivre

1. Dans un saladier, mélangez au fouet l'œuf et la farine. Ajoutez le lait, le persil, le fromage et les pâtes. S'il s'agit de pâtes longues (spaghettis, tagliatelles, etc.), coupez-les préalablement en petits morceaux. Mélangez bien et rectifiez l'assaisonnement.

2. Faites chauffer 1 cuillerée à soupe d'huile dans une grande poêle anti-adhésive et déposez-y de petits tas de la valeur d'une cuillerée à soupe. Tassez-les un peu et laissez-les prendre 2 minutes à feu modéré.

3. Retournez-les et poursuivez la cuisson 1 minute. Versez 1 cuillerée à soupe d'huile dans la poêle pour cuire la fournée suivante.

4. Servez bien chaud, à l'apéro.

ASTUCE

Avec 100 g de pâtes sèches, vous obtenez environ 250 g après cuisson.

EN 15 À 30 MINUTES

PETITES GALETTES
DE CRABE

Pour 8 pièces
Préparation : 15 min
Cuisson : 5 min

250 g de chair de crabe (poids net, égoutté)
1 œuf
60 g de chapelure environ + 1 cuillerée à soupe
1 citron
1 cuillerée à café de pâte d'anchois (en tube)
1 cuillerée à soupe de mayonnaise
1 cuillerée à soupe de sauce Worcestershire
1 cuillerée à soupe de moutarde
2 cuillerées à soupe de persil haché
Paprika piquant
3 cuillerées à soupe d'huile d'arachide
Sel et poivre

1. Égouttez soigneusement la chair de crabe et versez-la dans un saladier. Ajoutez l'œuf, le persil, la mayonnaise, la sauce Worcestershire, la moutarde, la pâte d'anchois, 1 cuillerée à café de jus de citron et du paprika piquant, selon vos goûts. Mélangez, puis ajoutez de la chapelure, jusqu'à l'obtention d'une pâte homogène.

2. Salez, poivrez et divisez la préparation en huit. Formez des galettes aplaties et saupoudrez-les légèrement de chapelure.

3. Faites dorer les galettes sur les deux faces, dans une grande poêle contenant l'huile.

4. Servez chaud ou froid, avec des quartiers de citron.

PETITES CRÈMES DE LENTILLES AU FOIE GRAS

Pour 6 à 8 personnes • Préparation : 10 min • Cuisson : 15 min

4 tranches de foie gras (160 g) • 200 g de lentilles rouges • 1 petite échalote (ou ½) • 1 cube de bouillon dégraissé • 5 cl de crème fraîche • ½ c. à soupe d'huile d'olive • Sel et poivre

1. Faites revenir l'échalote hachée 2 minutes à feu doux dans une cocotte contenant l'huile. Ajoutez les lentilles, mélangez, puis versez 60 cl d'eau et le cube de bouillon émietté. Portez à ébullition et laissez mijoter 10 minutes à feu doux.

2. Laissez reposer 5 minutes, puis mixez finement. Ajoutez la crème fraîche et rectifiez l'assaisonnement.

3. Servez chaud (mais non bouillant), parsemé de dés de foie gras.

ROULADES D'OMELETTE VERTE
AU CARPACCIO

Pour 18 pièces • Préparation : 15 min • Cuisson : 15 min

9 tranches de carpaccio de bœuf (200 g) • 4 œufs • 9 tomates légèrement séchées à l'huile • 18 olives noires dénoyautées • Une bonne poignée de roquette • 3 c. à soupe de parmesan fraîchement râpé • huile d'olive • Sel et poivre

1. Passez les œufs au mixeur avec la roquette. Ajoutez le parmesan et rectifiez l'assaisonnement.

2. Versez un filet d'huile d'olive dans une poêle à crêpes, versez-y un peu d'œuf et faites cuire à plat, sur les deux faces, comme une crêpe. Confectionnez ainsi 3 crêpes-omelettes.

3. Recouvrez les crêpes de carpaccio, en laissant les bords libres. Enroulez-les bien serré et supprimez les extrémités des boudins ainsi formés. Coupez-les en 6 tronçons chacun. Surmontez-les d'une demi-tomate séchée et d'une olive chacun. Maintenez le tout avec un pique à cocktail.

4. Servez à température ambiante, à l'apéro.

PETITES TOMATES
AU TARTARE DE SAUMON À L'AVOCAT

Pour 28 pièces
Préparation : 20 min
Repos : 30 min

14 petites tomates « cocktail »
200 g de filet de saumon frais, sans peau
1 avocat mûr à point
1 citron
1 piment rouge frais
2 cuillerées à soupe de ciboulette hachée
brins de coriandre (facultatif)
Sel et poivre

1. Taillez le saumon et l'avocat en tout petits dés. Mettez-les dans un saladier, ajoutez le jus du citron, la ciboulette et le piment finement haché. Rectifiez l'assaisonnement, couvrez et laissez reposer au moins 30 minutes au réfrigérateur.

2. Pendant ce temps, coupez les tomates en deux horizontalement, évidez-les et salez-les généreusement. Retournez-les sur une double épaisseur de papier absorbant et laissez dégorger 30 minutes.

3. Essuyez l'intérieur des demi-tomates avec du papier absorbant, puis farcissez-les avec le tartare.

4. Décorez éventuellement d'un brin de coriandre et servez frais, à l'apéritif.

NACHOS GARNIS AU CHEDDAR
ET À LA SALSA

Pour 24 pièces
Préparation : 15 min
Cuisson : 20 min

24 nachos nature
(ronds, de préférence)
100 g de cheddar
½ poivron vert
1 boîte de tomates concassées
½ cuillerée à café de cumin
Piment en poudre
1,5 cuillerée à soupe
d'huile d'olive
Sel et poivre

1. Préchauffez le four à 180 °C (th. 6).

2. Versez la boîte de tomates concassées dans une casserole contenant l'huile, ajoutez le cumin, du piment selon vos goûts, du sel et du poivre. Portez à ébullition et laissez mijoter 15 min.

3. Coupez le demi-poivron en dés. Plongez-les dans une casserole d'eau bouillante. Laissez mijoter 3 minutes, égouttez et rincez à l'eau froide.

4. Râpez le cheddar avec le gros côté de la râpe.

5. Disposez les nachos sur la plaque du four recouverte de papier cuisson. Répartissez le cheddar et les poivrons. Faites-les griller 5 minutes au four.

6. Ajoutez un peu de salsa sur chaque nacho et servez chaud ou tiède.

ASTUCE

La quantité de salsa obtenue vous permet de garnir une seconde fournée de nachos ; vous pouvez donc en préparer 48 en utilisant un poivron entier et 200 g de cheddar.

CROUSTILLANTS AU HOMARD,
RAÏTA À LA CORIANDRE

Pour 6 personnes
Préparation : 15 min
Cuisson : 35 min

1 homard cuit de 500 à 600 g
300 g de poireaux finement émincés (sachet prêt à l'emploi)
6 feuilles de brick
½ botte de ciboules
4 cuillerées à soupe d'amandes effilées grillées
2 cuillerées à soupe de coriandre fraîche hachée
1 cuillerée à café de curry en poudre
Une pointe de cumin en poudre
3 pots de yaourt grec (3 x 125 g)
40 g de beurre
2 cuillerées à soupe d'huile d'arachide
Sel et poivre

1. Faites revenir les poireaux dans une sauteuse avec l'huile. Ajoutez 2 cuillerées à soupe d'eau, couvrez et laissez suer 15 minutes à feu doux.

2. Décortiquez le homard et hachez sa chair.

3. Préchauffez le four à 180 °C (th. 6).

4. Saupoudrez les poireaux de curry, mélangez, puis ajoutez 2 cuillerées à soupe de yaourt et le homard. Mélangez et assaisonnez.

5. Coupez les feuilles de brick en deux, badigeonnez-les de beurre fondu, retournez-les et garnissez-les d'une cuillerée de farce. Enroulez-les en cornet et déposez-les sur la plaque du four recouverte de papier cuisson. Faites-les dorer 15 minutes, en les retournant à mi-cuisson.

6. Faites revenir les ciboules hachées dans le reste du beurre fondu. Après 5 minutes, saupoudrez de cumin, mélangez et versez dans un bol. Ajoutez les yaourts restants, la coriandre, du sel et du poivre.

7. Servez les croustillants chauds, avec la raïta.

ROULEAUX DE PRINTEMPS
AU SAUMON CRU

Pour 4 personnes
Préparation : 20 min

12 feuilles de riz
200 g de filet de saumon sans peau, ultra-frais
2 oranges
1 avocat Hass, à point
1/2 citron
Quelques brins de coriandre fraîche
1/2 barquette de germes de poireaux (25 g)
1 cuillerée à soupe de sauce piquante sucrée
3 cuillerées à soupe d'huile d'olive
Sel et poivre

1. Mouillez puis essorez 3 torchons propres. Trempez 6 feuilles de riz dans de l'eau froide et déposez-les une à une, espacées, sur un torchon. Posez un deuxième torchon par-dessus, répétez l'opération et terminez par le dernier torchon. Laissez ramollir.

2. Pelez les oranges à vif et prélevez 12 segments. Recueillez le jus qui s'écoule et pressez le reste des oranges entre vos mains. Coupez l'avocat en 12 lamelles. Citronnez-les. Coupez le saumon en 12 bâtonnets.

3. Placez une grande feuille de coriandre au centre d'une feuille de riz, puis, horizontalement, 1 bâtonnet de saumon, 1 morceau d'avocat et 1 segment d'orange. Repliez les côtés vers le centre et enroulez le tout, bien serré. Enveloppez chaque rouleau dans du cellophane. Gardez-les au réfrigérateur.

4. Pour réaliser la sauce, mélangez le jus d'orange, l'huile d'olive, la sauce piquante, de la coriandre hachée, du sel et du poivre. Servez les rouleaux avec la sauce et un peu de germes de poireaux.

BROCHETTES D'HALLOUMI AU LARD ET AUX LÉGUMES

Pour 8 pièces • Préparation : 15 min • Cuisson : 5 min

1 bloc d'halloumi (250 g) • 8 fines tranches de lard • 16 tomates prunes ou tomates cerises (150 g) • 1 petite courgette • 1 c. à café d'herbes de Provence • 3 c. à soupe d'huile d'olive

1. Taillez le bloc d'halloumi en 16 dés. Enveloppez-les dans une demi-tranche de lard chacun.

2. Taillez la courgette en rondelles épaisses, puis coupez-les en deux.

3. Confectionnez des brochettes en alternant les différents ingrédients sur des piques en bois. Mélangez l'huile et les herbes de Provence et badigeonnez-en les brochettes.

4. Faites griller rapidement, au barbecue ou à la poêle.

5. Servez chaud, à l'apéro.

FRICASSÉE DE CALAMARS
SAUCE MOJO

Pour 8 portions • Préparation : 15 min • Cuisson : 4 min

500 g d'anneaux de calamars frais, nettoyés • 2 gousses d'ail • 4 brins de persil plat • 2 c. à café de paprika espagnol (pimenton) • 1 c. à café de cumin • Une assiette de farine • 2 c. à soupe de vinaigre de vin blanc • 5 cl + 4 c. à soupe d'huile d'olive • Sel et poivre

1. Placez les feuilles du persil dans le bol du hachoir et ajoutez les gousses d'ail pressées, le paprika, le cumin, du sel, du poivre, 5 cl d'huile et le vinaigre. Hachez jusqu'à obtention d'une sauce homogène.

2. Rincez les anneaux de calamars à l'eau froide, égouttez-les et séchez-les sur du papier absorbant. Roulez-les dans la farine et secouez-les bien.

3. Faites chauffer 2 cuillerées à soupe d'huile dans une grande poêle et jetez-y la moitié des calamars. Faites-les saisir 2 minutes à feu vif, en mélangeant sans arrêt. Transférez-les sur un plat chaud et procédez de même pour le reste des calamars.

4. Servez aussitôt, en tapas, avec la sauce.

BEIGNETS D'AUBERGINES
À LA MAROCAINE

Pour 4 à 8 personnes
Préparation : 15 min
Repos : 30 min
Cuisson : 3 min par fournée

2 aubergines (500 g)
1 œuf à température ambiante
250 g de farine avec levure incorporée
2 cuillerées à soupe rases de ras-el-hanout
1 cuillerée à soupe d'huile d'olive
Huile de friture
Sel

1. Ne pelez pas les aubergines ; taillez-les en rondelles de ½ cm d'épaisseur, salez-les et laissez-les dégorger 30 minutes dans une passoire.

2. D'autre part, mélangez la farine et le ras-el-hanout dans un saladier. Ajoutez progressivement 30 cl d'eau tiède en fouettant. Ajoutez l'huile d'olive et le jaune d'œuf (réservez le blanc). Rectifiez l'assaisonnement et laissez reposer.

3. Faites chauffer votre friteuse à 180 °C. Montez le blanc d'œuf en neige et incorporez-le à la pâte. Épongez soigneusement les rondelles d'aubergines et plongez-en quelques-unes dans la pâte. Repêchez-les avec un pique à fondue et plongez-les une par une dans l'huile chaude. Comptez environ 3 minutes (en les retournant à mi-cuisson) pour qu'elles soient dorées. Égouttez sur du papier absorbant. Faites-les toutes frire de cette manière.

4. Servez chaud, à l'apéro.

ROULADES DE COURGETTES
AU SAUMON FUMÉ ET À LA FETA

Pour 12 pièces
Préparation : 20 min
Marinade : 30 min

140 g de saumon fumé
100 g de feta
1 belle courgette
3 cuillerées à soupe de ciboulette hachée
4 cuillerées à soupe de jus de citron
4 cuillerées à soupe d'huile d'olive
Poivre

1. Versez le jus du citron et l'huile dans un petit plat rectangulaire.

2. À l'aide d'un éplucheur large, prélevez des lanières de courgette ; entamez la courgette sur 4 faces, en supprimant à chaque fois la première bande, qui n'est en fait que de la peau. Déposez les lanières au fur et à mesure dans le plat ; assurez-vous qu'elles soient toutes enduites de marinade. Couvrez et laissez reposer 30 minutes au réfrigérateur.

3. Coupez la feta en dés allongés et le saumon en lanières.

4. Égouttez les lanières de courgettes, déposez-les à plat sur une grande planche à découper et recouvrez-les de saumon sur deux tiers de leur longueur environ. Déposez un morceau de feta du côté saumon, parsemez de ciboulette et poivrez. Enroulez et maintenez l'ensemble avec un cure-dents ou un pique à cocktail.

5. Servez frais, à l'apéro.

PAILLASSONS CROUSTILLANTS
ET SCAMPIS AU BASILIC

Pour 12 pièces
Préparation : 15 min
Cuisson : 15 min

24 scampis pas trop gros
1 blanc d'œuf
125 g de vermicelles de riz
1 citron vert pour décorer
Basilic thaï
1 cuillerée à soupe de sauce de poisson
1 cuillerée à soupe d'huile d'arachide
Huile de friture
1 cuillerée à café de cassonade blonde
Sel

1. Cassez les vermicelles en petits morceaux, ajoutez-leur le blanc d'œuf et du sel ; mélangez longuement. Laissez reposer.

2. Pendant ce temps, décortiquez les scampis (en leur laissant la queue et le dernier anneau). Ajoutez-leur la sauce de poisson, l'huile d'arachide et le sucre ; mélangez et laissez reposer.

3. Faites chauffer une fine couche d'huile de friture dans une grande poêle, à feu vif. Déposez-y de petits tas de vermicelles, en les aplatissant. Faites-les dorer rapidement sur les deux faces, en ajoutant de l'huile quand nécessaire. Égouttez-les sur du papier absorbant.

4. Essuyez la poêle et versez-y les scampis ; faites-les revenir à feu vif, jusqu'à ce qu'ils deviennent rouges. Ajoutez du basilic thaï haché en fin de cuisson.

5. Disposez les scampis sur les paillassons et servez aussitôt, décoré de citron vert.

ASTUCE

Il n'est pas toujours facile de se procurer du basilic thaï ; vous pouvez le remplacer par un mélange d'estragon et de basilic classique.

CROSTINIS
À L'ORIENTALE

Pour 12 pièces
Préparation : 15 min
Cuisson : 10 min

¾ de pain marocain (de la veille)
1 boîte de pois chiches (240 g, poids égoutté)
120 g de poivrons grillés à l'huile égouttés
½ citron
Menthe fraîche
½ cuillerée à café de cumin en poudre
½ cuillerée à café de paprika piquant
Huile d'olive
Sel et poivre

1. Préchauffez le four à 180 °C (th. 6).

2. Coupez chaque quart de pain en deux, puis à nouveau en deux, mais horizontalement ; vous obtenez 12 triangles. Disposez-les sur la plaque du four recouverte de papier cuisson et badigeonnez-les légèrement d'huile d'olive, côté mie. Faites-les dorer une bonne dizaine de minutes, en les retournant à mi-cuisson. Laissez refroidir sur une grille.

3. Pendant ce temps, égouttez les pois chiches (conservez le jus) et versez-les dans un récipient étroit. Ajoutez le jus du demi-citron, 3 cuillerées à soupe d'huile d'olive, les épices, une poignée de feuilles de menthe, du sel et du poivre. Ajoutez 3 cuillerées à soupe du jus de la boîte et mixez le tout en une purée homogène. Ajoutez encore du jus si nécessaire. Rectifiez l'assaisonnement.

4. Au moment de servir, tartinez généreusement les crostinis d'houmous. Ajoutez les poivrons égouttés et taillés en dés ; décorez d'une petite feuille de menthe et servez.

CROSTINIS À L'ARTICHAUT
ET AU CHÈVRE

Pour 12 pièces • Préparation : 15 min • Cuisson : 10 min

1 ciabatta (de la veille) • 1 bocal de cœurs d'artichauts à l'huile • (285 g) •
100 g de bûche de chèvre frais (ou de feta) • 4 brins de persil plat • Huile d'olive • Poivre

1. Préchauffez le four à 180 °C (th. 6).

2. Coupez 12 tranches de pain d'épaisseur moyenne, de biais. Disposez-les sur la plaque du four recouverte de papier cuisson et badigeonnez-les légèrement d'huile d'olive sur une face. Faites-les dorer 10 minutes, en les retournant à mi-cuisson. Laissez refroidir sur une grille.

3. Égouttez les artichauts et mixez-les avec les feuilles de 3 brins de persil.

4. Au moment de servir, tartinez généreusement les crostinis avec la crème d'artichauts, ajoutez un peu de fromage de chèvre par-dessus, poivrez et décorez d'une feuille de persil. Dégustez aussitôt.

NEMS
DE SARDINES

Pour environ 10 pièces • Préparation : 15 min • Cuisson : 10 min

2 boîtes de sardines à l'huile d'olive, sans peau ni arêtes (2 x 105 g) •
Environ 10 feuilles de brick

1. Allumez le four à 210 °C (th. 7) et sortez-en la plaque.

2. Égouttez les sardines en recueillant l'huile dans un bol.

3. Utilisez cette huile pour badigeonner légèrement une première feuille de brick. Déposez un filet de sardine horizontalement au milieu, dans le bas. Repliez les côtés vers le centre et enroulez le tout.

4. Déposez les nems ainsi confectionnés sur la plaque du four recouverte de papier cuisson. Faites-les dorer 10 minutes au four.

5. Servez chaud, à l'apéro.

CROSTINIS AU BŒUF ET AU WASABI

Pour 12 pièces
Préparation : 15 min
Cuisson : 10 min

120 g de carpaccio de bœuf
1 baguette au sésame (de la veille)
125 g de fromage frais en barquette (Saint-Môret®)
1 morceau de concombre (3 à 4 cm)
2 cuillerées à soupe de ciboulette hachée
1 à 2 cuillerées à soupe de wasabi (en tube)
40 g de mayonnaise
Huile d'olive
Sel et poivre

1. Préchauffez le four à 180 °C (th. 6).

2. Coupez 12 tranches de pain d'épaisseur moyenne, de biais. Disposez-les sur la plaque du four recouverte de papier cuisson et badigeonnez-les légèrement d'huile d'olive sur une face. Faites-les dorer 10 minutes, en les retournant à mi-cuisson. Laissez refroidir sur une grille.

3. Écrasez le fromage à la fourchette avec le wasabi ; ajoutez la mayonnaise et la ciboulette. Mélangez bien et rectifiez l'assaisonnement.

4. Taillez le concombre en fins bâtonnets.

5. Taillez le carpaccio en lanières.

6. Au moment de servir, tartinez généreusement les crostinis avec la crème au wasabi, ajoutez le carpaccio par-dessus puis parsemez de concombre. Dégustez aussitôt.

ASTUCE

Si vous n'avez pas l'habitude du wasabi, commencez par une petite quantité et rectifiez selon vos goûts.

BOUCHÉES
AUX SARDINES

Pour 24 pièces
Préparation : 20 min
Réfrigération : 1 h

2 boîtes de sardines à l'huile d'olive, sans peau ni arêtes (2 x 105 g)
4 œufs durs
2 cuillerées à soupe de chapelure
4 brins de persil plat
2 cuillerées à soupe de jus de citron

1. Hachez finement le persil.

2. Égouttez bien les sardines, mais ne jetez pas l'huile.

3. Mettez-les dans un petit saladier et écrasez-les à la fourchette avec les jaunes d'œufs durs (les blancs ne seront pas utilisés), le jus de citron, la chapelure et 3 cuillerées à soupe de l'huile réservée. Mélangez bien, jusqu'à obtention d'une préparation homogène.

4. Modelez de petites boulettes (vous ne pourrez pas vraiment les rouler). Passez-les dans le persil haché et déposez-les au fur et à mesure dans une grande assiette.

5. Couvrez de film alimentaire et laissez reposer au moins 1 heure au réfrigérateur.

6. Servez à l'apéro, avec du pain.

GAMBAS
DE ALBACETE

Pour 6 à 8 personnes • Préparation : 15 min • Cuisson : 9 min • Réfrigération : 1 h

250 g de crevettes roses décortiquées • 2 œufs • ½ oignon rouge • 2 c. à soupe de persil haché • ½ capsule de safran • Paprika espagnol doux ou piquant (« pimenton ») • 2 ou 3 c. à soupe de brandy (ou de cognac) • 3 c. à soupe de vinaigre de vin • 6 c. à soupe d'huile d'olive

1. Déposez les œufs dans une casserole d'eau froide et faites chauffer. Comptez 9 minutes de cuisson à partir de l'ébullition, puis égouttez-les et plongez-les dans de l'eau froide.

2. Mélangez l'huile, le safran et le paprika dans un plat, puis ajoutez le vinaigre et le brandy. Ajoutez l'oignon rouge très finement haché et le persil.

3. Écalez les œufs durs, hachez-les et ajoutez-les dans le plat, ainsi que les crevettes. Mélangez bien et rectifiez l'assaisonnement. Couvrez et laissez reposer au moins 1 heure au réfrigérateur.

4. Servez frais, avec du pain.

TARTINADE D'AUBERGINE
AU PARMESAN

Pour 1 bol • Préparation : 15 min • Cuisson : 12 min

2 aubergines • 50 g de parmesan râpé • ½ pot de ricotta (125 g) • Quelques feuilles de basilic • 2 c. à soupe de jus de citron • 2 c. à soupe d'huile d'olive • Sel et poivre

1. Lavez et séchez les aubergines, supprimez le pédoncule et déposez-les dans un plat. Couvrez et faites cuire au micro-ondes, pendant 12 minutes à 800 watts. Laissez tiédir.

2. Coupez les aubergines en deux, dans la longueur, et recueillez la pulpe avec une cuillère. Versez dans le bol du mixeur et ajoutez le parmesan, la ricotta, l'huile, le jus de citron et les feuilles de basilic. Mixez jusqu'à obtention d'une préparation homogène ; rectifiez l'assaisonnement.

3. Dégustez sur du pain ou des toasts, à l'apéro.

SALMOREJO,
SOUPE FROIDE À LA TOMATE

Pour 8 personnes
Préparation : 20 min
Réfrigération : 1 h

50 g de jambon serrano (ou de Bayonne)
2 œufs durs
600 g de tomates
1 petite gousse d'ail (facultatif)
125 g de pain sec, de la veille
Persil plat haché
1 ou 2 cuillerées à soupe de vinaigre de vin
5 cl d'huile d'olive
Sel et poivre

1. Coupez le pain en cubes, mettez-les dans un saladier et arrosez-les de 20 cl d'eau froide. Ajoutez le vinaigre, écrasez un peu le tout à la fourchette et laissez reposer.

2. Pelez les tomates avec un éplucheur spécial ou en les trempant 30 secondes dans de l'eau bouillante. Taillez-les en gros dés et passez-les longuement au mixeur avec une demi-cuillerée à café de sel. Versez la purée obtenue sur le pain, ajoutez éventuellement la gousse d'ail pressée, mélangez et mixez à nouveau, jusqu'à obtention d'un mélange bien lisse.

3. Ajoutez l'huile d'olive petit à petit, toujours en mixant. Rectifiez l'assaisonnement. Couvrez et laissez reposer au moins 1 heure au réfrigérateur.

4. Servez bien frais, garni d'œufs durs hachés, de jambon taillé en lanières et de persil haché.

ASTUCE

Moins célèbre et beaucoup plus épais que le gazpacho, le salmorejo est lui aussi une spécialité andalouse.

COJONUDOS,
TARTINES AU CHORIZO

Pour 8 pièces
Préparation : 15 min
Cuisson : 10 min

16 fines tranches de chorizo piquant
8 œufs de caille frais
8 tranches de baguette, coupées de biais
8 poivrons piquillos en bocal (environ 120 g)
2 cuillerées à soupe d'huile d'olive
Poivre

1. Préchauffez le four à 180°C (th. 6) et égouttez soigneusement les poivrons.

2. Disposez les tranches de chorizo sur la plaque du four recouverte de papier cuisson. Faites-les griller au four, juste le temps qu'elles deviennent croustillantes, en surveillant.

3. Pendant ce temps, faites griller rapidement les poivrons dans une grande poêle anti-adhésive légèrement huilée.

4. Garnissez chaque tranche de baguette d'un poivron et de deux rondelles de chorizo. Tenez-les au chaud dans le four éteint.

5. Faites cuire les œufs de caille dans la poêle, à feu modéré, en ajoutant éventuellement un peu d'huile.

6. Déposez un mini-œuf sur chaque tartine, poivrez et servez aussitôt.

ASTUCE

Très fine, la coquille des œufs de caille est difficile à casser : utilisez de ciseaux de cuisine pointus pour les ouvrir.

TOMATES FARCIES
À LA SALADE DE RIZ AU THON

Pour 14 à 16 pièces
Préparation : 20 min
Cuisson : 10 min

7 à 8 grosses tomates
100 g de riz basmati
1 grosse boîte de thon à l'huile (220 g égoutté)
1 bocal de cœurs d'artichauts à l'huile (150 g égoutté)
80 g de rondelles d'olives vertes et noires dénoyautées
½ oignon rouge (ou 1 petit)
Quelques olives noires pour décorer (facultatif)
2 cuillerées à soupe de câpres
3 cuillerées à soupe de basilic haché
1 cuillerée à café de moutarde
3 cuillerées à soupe de jus de citron
Sel et poivre

1. Coupez les tomates en deux horizontalement, épépinez-les, salez-les généreusement et retournez-les sur une double épaisseur de papier absorbant ; laissez dégorger.

2. Pendant ce temps, faites cuire le riz 10 minutes, puis égouttez-le et rincez-le à l'eau froide.

3. Égouttez les artichauts en récupérant l'huile. Émincez-les et mettez-les dans un saladier. Ajoutez l'oignon finement émincé, les câpres, le thon égoutté et émietté, les rondelles d'olives, le basilic et le riz bien égoutté.

4. Mélangez le jus de citron, du sel, du poivre, la moutarde et 6 cuillerées à soupe de l'huile des artichauts. Versez dans le saladier, mélangez bien et rectifiez l'assaisonnement.

5. Épongez l'intérieur des tomates avec du papier absorbant et farcissez-les avec la salade de riz. Décorez éventuellement d'olives noires.

6. Couvrez et mettez au réfrigérateur jusqu'au moment de servir.

CALAMARS
AU CHORIZO

Pour 10 portions • Préparation : 15 min • Cuisson : 20 min

600 g d'anneaux de calamars frais • 120 g de chorizo piquant • 2 gros oignons • 1 cuillerée à soupe rase d'origan séché • 1 cuillerée à soupe d'huile d'olive • 2 cuillerées à soupe de vinaigre de Xérès • Persil plat haché

1. Hachez les oignons et faites-les revenir à feu doux dans une grande poêle contenant l'huile. Couvrez et laissez suer 10 minutes sur feu très doux.

2. Taillez le chorizo en petits dés, ajoutez-les aux oignons et faites revenir 5 minutes à feu modéré. Saupoudrez d'origan, ajoutez les calamars et faites revenir 2 minutes à feu vif, juste le temps qu'ils blanchissent.

3. Ajoutez le vinaigre et le persil, mélangez 30 secondes et retirez du feu.

4. Servez aussitôt, en tapas avec du pain.

ASTUCE

Ne prolongez pas la cuisson des calamars, cela les rendrait caoutchouteux.

CROQUETTES
DE POULET

Pour environ 18 pièces • Préparation : 25 min • Congélation : 2 h • Cuisson : 5 min par fournée

250 g de restes de poulet rôti • 2 œufs • 500 g de pommes de terre cuites à l'eau (poids net après cuisson) • 1 petit oignon • 2 cuillerées à soupe de persil haché • 1 assiette de farine • 120 g de chapelure • Sel et poivre • Huile de friture

1. Écrasez les pommes de terre, ajoutez l'oignon finement haché, le persil, le poulet grossièrement haché, du sel et du poivre. Mélangez.

2. Confectionnez des croquettes rondes. Passez-les dans la farine, puis dans les œufs battus salés et poivrés et, pour finir, dans la chapelure.

3. Placez les croquettes à plat dans un récipient hermétique, en séparant les couches par une feuille de papier cuisson ; faites-les durcir 2 heures au congélateur.

4. Faites frire les croquettes dans la friteuse (à 170 °C) puis déposez-les sur du papier cuisson.

5. Servez chaud, à l'apéro.

AUBERGINES MARINÉES AU VINAIGRE BALSAMIQUE

Pour 1 saladier
Repos : 30 min
Préparation : 15 min
Cuisson : 20 min
Réfrigération : 2 h

2 aubergines (750 g)
1 ou 2 gousses d'ail
1 filet d'anchois à l'huile
2 cuillerées à soupe de persil plat haché
3 cuillerées à soupe de vinaigre balsamique
9 cuillerées à soupe d'huile d'olive
Sel et poivre

1. Taillez les aubergines en tranches épaisses, en biais. Coupez les en deux ou en quatre, selon leur grandeur. Salez-les généreusement, mélangez bien et laissez-les dégorger 30 minutes dans une passoire.

2. Épongez-les soigneusement avec du papier absorbant et faites-les dorer à feu vif, dans une grande poêle, avec 5 cuillerées à soupe d'huile d'olive. Procédez en deux fois et ajoutez l'huile cuillerée par cuillerée, pour éviter que les premières aubergines n'absorbent toute l'huile d'un coup.

3. Pendant ce temps, versez le reste d'huile dans un saladier ; ajoutez le vinaigre balsamique, l'ail pressé et le filet d'anchois finement haché ; mélangez bien.

4. Versez les aubergines chaudes dans le saladier, mélangez et rectifiez l'assaisonnement. Laissez refroidir, couvrez et laissez reposer au moins 2 heures au réfrigérateur.

5. Servez frais, parsemé de persil haché.

MINI-FLAMMEKUECHE
AU SAUMON FUMÉ

Pour 30 à 48 pièces
Préparation : 15 min
Cuisson : 15 min

1 pâte à pizza maxi (385 g)
100 g de saumon fumé
125 g de fromage blanc
1 oignon
Ciboulette
Poivre

1. Préchauffez le four à 180 °C (th. 6) et sortez-en la grille.

2. Déroulez la pâte et laissez-la sur son papier de cuisson. Tartinez-la entièrement de fromage blanc, jusqu'aux bords.

3. Hachez finement l'oignon et parsemez-le sur le fromage. Émincez le saumon fumé et répartissez-le sur toute la surface. Poivrez et faites cuire 10 minutes au four. Laissez refroidir.

4. Découpez la flammekueche en carrés, plus ou moins petits, selon vos envies. Disposez-les sur la plaque du four recouverte de papier cuisson en les espaçant un peu. Laissez en attente.

5. Un moment avant de servir, préchauffez le four à 210 °C (th. 7). Enfournez les mini-flammekueche pendant 5 minutes.

6. Parsemez de ciboulette et servez aussitôt.

SARDINES MARINÉES
AU CITRON ET À L'AIL

Pour 8 personnes
Préparation : 25 min
Marinade : 2 jours

500 g de filets de sardines frais
4 ou 5 citrons
3 ou 4 gousses d'ail
5 branches de persil plat
15 à 20 cl d'huile d'olive
Sel

1. Rincez les filets de sardines à l'eau froide et épongez-les. Avec des ciseaux, coupez-les en deux le long du dos, en retirant la petite nageoire.

2. Pressez le jus des citrons. Versez-en un peu dans un récipient à fond plat. Déposez une première couche de filets de sardines, bien à plat et pas trop serrés. Salez, ajoutez du jus de citron et répétez l'opération autant de fois que nécessaire. Recouvrez entièrement de jus de citron. Couvrez et laissez reposer 24 heures au réfrigérateur.

3. Égouttez délicatement les sardines et jetez le jus. Versez un peu d'huile d'olive dans le plat et disposez-y une première couche de sardines. Parsemez de persil haché et d'ail en lamelles, ajoutez un peu d'huile et répétez l'opération jusqu'à épuisement des ingrédients. Couvrez et laissez reposer 12 heures au réfrigérateur.

4. Servez à l'apéro, avec du pain pour saucer l'huile, qui est délicieuse.

CROSTINIS
À LA GRECQUE

Pour 12 pièces
Préparation : 15 min
Cuisson : 15 min

4 pains pita
150 g de feta
100 g de yaourt nature
1 tomate
1 morceau de concombre (4 cm)
6 olives de Kalamata
1 gousse d'ail (facultatif)
Menthe fraîche
Poivre

1. Préchauffez le four à 180 °C (th. 6).

2. Coupez les pains pita en deux ou en trois, selon leur grandeur. Disposez-les sur la plaque du four recouverte de papier cuisson et badigeonnez-les légèrement d'huile d'olive sur une face.

3. Faites-les dorer une bonne dizaine de minutes, en les retournant à mi-cuisson. Laissez refroidir sur une grille.

4. Écrasez la feta à la fourchette, avec le yaourt. Ajoutez 6 grandes feuilles de menthe finement hachées, du poivre et, éventuellement, la gousse d'ail pressée ; mélangez bien.

5. Épépinez la tomate et le concombre ; taillez-les en petits dés. Dénoyautez les olives et coupez-les en deux.

6. Au moment de servir, tartinez généreusement les crostinis avec la crème de feta, ajoutez les dés de tomate et de concombre par-dessus ; décorez d'une demi-olive. Dégustez aussitôt.

PETITES GALETTES AU JAMBON ET AU POIVRON

Pour environ 24 pièces
Préparation : 15 min
Cuisson : 3 min par fournée

150 g de dés de jambon cuit
2 œufs à température ambiante
1 poivron rouge
100 g de farine avec levure incorporée
15 cl de lait entier
2 cuillerées à soupe de parmesan fraîchement râpé
2 cuillerées à soupe de persil haché
Poivre de Cayenne
Huile d'olive
Sel et poivre

1. Taillez le poivron en dés. Plongez-les dans une petite casserole d'eau bouillante pendant 3 minutes, égouttez-les puis rafraîchissez-les à l'eau froide. Laissez égoutter de nouveau.

2. Versez la farine dans un saladier et délayez-la avec le lait, en fouettant. Séparez les blancs des jaunes d'œufs et ajoutez ces derniers à la pâte. Ajoutez également le parmesan et une pincée de poivre de Cayenne.

3. Montez les blancs en neige et incorporez-les à la pâte. Ajoutez le persil haché, les dés de jambon et les dés de poivron. Mélangez bien et rectifiez l'assaisonnement.

4. Faites chauffer à feu vif une crêpière légèrement huilée et versez-y de petits tas de pâte (1 bonne cuillerée à soupe). Faites-les dorer 2 minutes sur une face, puis retournez-les avec une spatule et faites cuire encore 1 minute.

5. Servez chaud à l'apéro.

BEIGNETS DE POULET
AU PILI-PILI

Pour 10 personnes
Préparation : 15 min
Cuisson : 3 à 4 min par fournée

600 à 700 g de filet de poulet
1 œuf
100 g de farine avec levure incorporée
1 cuillerée à café d'origan séché
½ cuillerée à café de pili-pili en poudre
15 cl de bière bien froide (type pils)
Huile de friture
Sel et poivre

1. Faites chauffer votre friteuse sur 180 °C.

2. Taillez les filets de poulet en dés, pas trop gros. Salez et poivrez.

3. Délayez la farine au fouet en versant la bière petit à petit. Ajoutez le jaune d'œuf, du sel, du poivre, l'origan et le pili-pili.

4. Montez le blanc en neige ferme. Incorporez-le à la pâte. Mélangez délicatement jusqu'à obtention d'une pâte homogène et légèrement mousseuse. Plongez-y quelques morceaux de poulet et sortez-les un par un avec un pique à brochette.

5. Faites frire les beignets (évitez d'en frire trop à la fois, ils pourraient coller entre eux). Quand ils sont bien dorés, égouttez-les sur du papier absorbant.

6. Servez chaud, à l'apéro, avec de la sauce aigre-douce.

PATATAS BRAVAS

Pour 6 à 8 personnes
Préparation : 15 min
Cuisson : 15 min

1 kg de pommes de terre pour frites (bintje)
1 brique de coulis de tomates (500 g)
2 gousses d'ail
Persil haché
Paprika piquant ou poivre de Cayenne
2 cuillerées à soupe d'huile d'olive
Huile de friture
Sel et poivre

1. Pelez les pommes de terre et taillez-les en cubes. Faites-les tremper dans de l'eau froide. Faites chauffer votre friteuse à 150 °C.

2. Pendant ce temps, faites revenir 2 minutes à feu doux les gousses d'ail pressées dans une grande casserole contenant l'huile. Ajoutez le coulis de tomates et laissez mijoter doucement. Salez, poivrez et ajoutez le paprika.

3. Égouttez les pommes de terre, séchez-les dans un linge et faites-les frire une première fois pendant une dizaine de minutes.

4. Remontez le panier, faites chauffer l'huile à 180 °C et plongez-y à nouveau les pommes de terre, jusqu'à ce qu'elles soient dorées. Secouez-les bien et salez-les.

5. Servez-les dans de petits plats individuels, nappées de sauce et parsemées de persil haché.

ŒUFS DURS FARCIS
AU SAUMON FUMÉ

Pour 12 pièces
Préparation : 15 min
Cuisson : 9 min

6 gros œufs
100 g de saumon fumé
12 petites feuilles de cœur de salade romaine
1 cuillerée à soupe de ciboulette hachée
5 cl de crème fraîche
Poivre

1. Déposez les œufs dans une casserole d'eau froide. Faites chauffer et comptez 9 minutes de cuisson quand l'eau commence à bouillir.

2. Rincez-les, faites-les tremper 5 minutes dans de l'eau froide, puis écalez-les. Coupez-les en deux horizontalement ; retirez les jaunes et mettez-les dans le bol du hachoir ou du mixeur.

3. Ajoutez le saumon grossièrement haché, la crème fraîche et du poivre. Faites tourner jusqu'à obtention d'un mélange homogène. Ajoutez la ciboulette hachée et rectifiez l'assaisonnement.

4. Farcissez les blancs avec cette préparation. Couvrez de film alimentaire et mettez au réfrigérateur jusqu'au moment de servir.

5. Présentez chaque demi-œuf sur une petite feuille de salade.

ASTUCE

Respectez le temps de cuisson pour les œufs durs : s'ils cuisent trop longtemps, le jaune devient vert à l'extérieur et tout sec, tandis que le blanc se transforme en caoutchouc !

CITRONS
À LA BRANDADE DE THON

Pour 6 pièces
Préparation : 15 min
Cuisson : 15 min
Réfrigération : 1 h

1 boîte de thon à l'huile (200 g, huile comprise)
2 pommes de terre (environ 270 g)
1 tomate
3 beaux citrons
1 cuillerée à soupe de câpres
2 cuillerées à soupe de persil haché
Tabasco® (facultatif)
Sel et poivre

1. Faites cuire à l'eau les pommes de terre épluchées et taillées en dés. Comptez environ 15 minutes de cuisson à partir de l'ébullition.

2. Coupez les citrons en deux horizontalement, passez un couteau sur tout le pourtour, entre la chair et l'écorce. À l'aide d'une cuillère, évidez-les au-dessus d'un saladier, de manière à récupérer la chair et le jus. Coupez les plus gros morceaux en dés.

3. Égouttez les pommes de terre et écrasez-les. Ajoutez le persil, le thon avec son huile et un peu de citron (du jus et de la chair). Mélangez bien, puis ajoutez les câpres et rectifiez l'assaisonnement. Relevez éventuellement avec un peu de Tabasco®.

4. Farcissez les citrons avec cette préparation, couvrez de film alimentaire et laissez reposer au moins 1 heure au réfrigérateur.

5. Au moment de servir, taillez la tomate épépinée en dés et décorez-en les citrons. Servez bien frais.

PETITS PALETS
AU SAUMON

Pour environ 14 pièces
Préparation : 15 min
Cuisson : 6 min par fournée

250 g de saumon frais
2 œufs
1 citron
4 ciboules
1 cuillerée à soupe de zeste de citron râpé
Quelques brins de ciboulette
125 g de farine avec levure incorporée
4 cuillerées à soupe de yaourt bulgare
2 cuillerées à soupe d'huile d'olive
Sel et poivre

1. Mélangez la farine au fouet avec le yaourt et les œufs, jusqu'à obtention d'une pâte lisse.

2. Hachez le saumon en tout petits dés, au couteau (surtout pas au hachoir, vous obtiendriez de la purée !). Ajoutez-les à la pâte, ainsi que les ciboules hachées, la ciboulette ciselée, le zeste de citron, du sel et du poivre. Mélangez.

3. Faites chauffer une poêle anti-adhésive ou une crêpière avec 1 cuillerée à soupe d'huile d'olive. Déposez-y 7 ou 8 petits tas de pâte de la valeur d'une cuillerée à soupe. Aplatissez-les et laissez-les dorer à feu doux sur les deux faces. Retirez-les, tenez-les au chaud et ajoutez 1 cuillerée à soupe d'huile dans la poêle avant de cuire les autres palets.

4. Servez chaud, avec des quartiers de citron.

INVOLTINI
JAMBON-FROMAGE

Pour 12 pièces
Préparation : 15 min
Cuisson : 10 min

6 tranches rectangulaires de jambon cuit (200 g)
80 g de fontina ou de comté
1 œuf
60 g de chapelure

1. Préchauffez le four à 210 °C (th. 7).

2. Coupez le fromage en 12 bâtonnets et les tranches de jambon en deux (vous obtenez 12 rectangles d'environ 12 x 9 cm).

3. Déposez un bâtonnet de fromage, bien centré, le long d'une des largeurs d'un rectangle de jambon. Repliez les deux longueurs un peu vers le centre et enroulez le tout comme un nem. Réalisez ainsi 12 roulades.

4. Battez l'œuf en omelette dans une assiette et versez la chapelure dans une autre assiette. Passez les involtini dans l'œuf, puis dans la chapelure.

5. Disposez-les sur la plaque du four recouverte de papier cuisson et faites dorer 10 minutes au four.

6. Servez chaud, à l'apéro, éventuellement avec un peu de moutarde.

ASTUCE

Vous pouvez passer les involtini à la friture. Dans ce cas, faites-les reposer au préalable au moins 1 heure au réfrigérateur.

TORRADINHAS
AUX NOIX DE CAJOU

Pour 16 pièces
Préparation : 15 min
Cuisson : 12 min

4 grandes tranches de pain carrées
50 g de noix de cajou
1 œuf
1 sachet de mozzarella râpée (150 g)
1 cuillerée à soupe d'oignon très finement haché
½ cuillerée à café de paprika

1. Préchauffez le four à 180 °C (th.6).

2. Faites griller les tranches de pain dans un grille-pain et coupez-les en quatre, en diagonale.

3. Mélangez la mozzarella râpée, l'œuf, l'oignon haché et le paprika. Étalez cette préparation sur les toasts et déposez-les au fur et à mesure sur la plaque du four recouverte de papier cuisson.

4. Hachez grossièrement les noix de cajou et répartissez-les sur les toasts. Faites-les dorer environ 12 minutes au four.

5. Servez chaud, à l'apéro.

ASTUCE

Normalement, cette recette est à réaliser avec du queijo mineiro, spécialité de la région de Minas Gerais, au Brésil. Chez nous, la mozzarella râpée (plus ferme que la mozzarella fraîche en boule) fera l'affaire...

AILES DE POULET CARAMÉLISÉES

Pour 4 à 12 personnes
Préparation : 20 min
Cuisson : 20 min

1,2 kg d'ailes de poulet
2 grosses cuillerées à soupe de miel
2 cuillerées à soupe d'huile d'olive

Sauce japonaise :
Un petit morceau de gingembre râpé
8 cuillerées à soupe de sauce soja
4 cuillerées à soupe de mirin
3 cuillerées à soupe de saké (ou de vermouth blanc)
2 cuillerées à café de sucre

Sauce parfumée au piment :
4 ciboules
2 gousses d'ail
2 piments rouges
4 cuillerées à soupe d'huile de sésame grillé
Une grosse poignée de coriandre fraîche
8 cuillerées à soupe de vinaigre de riz
2 cuillerées à café de sucre

1. Préchauffez le four à 210 °C (th.7). Tapissez la plaque du four de papier d'aluminium, puis de papier cuisson.

2. Coupez les ailes de poulet en deux au niveau de l'articulation. Déposez-les sur la plaque du four, arrosez-les avec l'huile d'olive, salez et poivrez. Faites-les cuire 10 minutes au four, puis arrosez-les avec le miel. Mélangez et poursuivez la cuisson 10 minutes.

3. Préparez la sauce japonaise en mélangeant tous les ingrédients.

4. Préparez la sauce parfumée au piment : hachez les ciboules (le blanc + la moitié du vert), les gousses d'ail et les piments rouges épépinés. Versez-les dans le bol du hachoir et ajoutez le reste des ingrédients. Mixez jusqu'à obtention d'une sauce homogène.

5. Servez les ailes de poulet bien chaudes, en présentant les sauces à part.

BOUCHÉES DE POULET
AU MAÏS

Pour 8 personnes
Préparation : 20 min
Cuisson : 12 min

400 g de filets de poulet
1 petite boîte de maïs en grains (140 g)
2 œufs
80 g de pain rassis
2 ciboules
1 piment rouge frais
Quelques brins de coriandre fraîche
2 cuillerées à soupe de sauce de poisson
5 cl de lait
Sauce piquante sucrée
Citron vert pour accompagner

1. Préchauffez le four à 180 °C (th. 6).

2. Battez les œufs en omelette avec le lait dans un saladier étroit. Ajoutez le pain coupé en petits morceaux et mélangez.

3. Émincez les ciboules (le blanc + deux tiers du vert), la coriandre et le piment épépiné. Taillez le poulet en petits dés. Versez le tout dans le saladier et ajoutez la sauce de poisson. Mélangez longuement, jusqu'à obtention d'un mélange homogène. Ajoutez le maïs égoutté et rectifiez éventuellement l'assaisonnement.

4. À l'aide de 2 cuillères à soupe, formez des quenelles. Déposez-les sur la plaque du four recouverte de papier cuisson. Faites-les cuire 12 minutes au four, en les retournant à mi-cuisson.

5. Dégustez les bouchées à l'apéro, tièdes ; présentez-les avec du citron vert et de la sauce piquante sucrée.

PETITS CLAFOUTIS
AUX LÉGUMES GRILLÉS ET AU PARMESAN

Pour 12 pièces
Préparation : 15 min
Cuisson : 15 min

1 paquet de légumes grillés au basilic surgelés (450 g)
4 œufs
40 g de parmesan râpé
8 cl de crème fraîche
1 noix de beurre
Sel et poivre

1. Préchauffez le four à 180 °C (th.6).

2. Taillez les légumes préalablement décongelés en petits morceaux. Faites-les revenir 2 minutes dans une poêle anti-adhésive.

3. Fouettez les œufs avec la crème et le parmesan. Ajoutez les légumes, mélangez et rectifiez l'assaisonnement.

4. Beurrez 12 mini-ramequins (contenance : 75 ml) et placez-les dans un plat à four. Répartissez-y la préparation aux légumes et versez de l'eau chaude dans le plat, jusqu'à mi-hauteur des ramequins.

5. Faites cuire 15 minutes au four.

6. Servez chaud ou froid, à l'apéro.

ASTUCE
Vous pouvez sans problème réchauffer ces petits clafoutis au micro-ondes.

MINI-PIZZAS
AU ROQUEFORT ET AUX CIBOULES

Pour 24 pièces • Préparation : 15 min • Cuisson : 8 min

1 pâte à pizza fine (260 g) • 70 g de roquefort • 2 ou 3 ciboules (selon leur grosseur) • 2 grosses c. à soupe de sauce napolitaine (50 g)

1. Préchauffez le four à 210 °C (th. 7) et sortez-en la grille.

2. Transférez la pâte à pizza sur une planche à découper et déposez la feuille de papier cuisson sur la grille du four. Découpez des ronds de 5 cm de diamètre dans la pâte, à l'aide d'un emporte-pièce (ou d'un verre). Rangez-les au fur et à mesure sur le papier.

3. Étalez un peu de sauce napolitaine sur les ronds de pâte, répartissez le roquefort émietté par-dessus et parsemez de ciboules émincées (le blanc + deux tiers du vert).

4. Faites cuire environ 8 minutes au four.

5. Servez chaud, à l'apéro.

AÏOLI
ET CRUDITÉS

Pour 6 personnes • Préparation : 15 min • Cuisson : 15 min

1 jaune d'œuf à température ambiante • 1 pomme de terre farineuse (120 g) • assortiment de crudités au choix • 1 à 6 gousses d'ail • 1 c. à café de moutarde • 10 cl d'huile d'olive • 10 cl d'huile de tournesol • 1 c. à café de gros sel • Sel et poivre

1. Faites cuire à l'eau la pomme de terre épluchée et coupée en petits dés. Égouttez-les et laissez-les refroidir.

2. Versez-les dans un récipient étroit, ajoutez les gousses d'ail hachées et le gros sel ; pilez jusqu'à obtention d'une purée fine. Ajoutez la moutarde et le jaune d'œuf ; mélangez au fouet. Ajoutez progressivement l'huile d'olive et l'huile de tournesol, en filet, sans cesser de fouetter, pour monter la sauce comme une mayonnaise.

3. Rectifiez l'assaisonnement.

4. Servez comme sauce dip, avec un assortiment de crudités.

NEMS CROUSTILLANTS AU CRABE

Pour 12 pièces
Préparation : 15 min
Cuisson : 20 min

1 boîte de crabe (120 g, poids égoutté)
200 g de légumes émincés pour wok (avec soja)
6 feuilles de brick
1 œuf (facultatif)
Graines de sésame (facultatif)
1 petite pointe de cinq-épices chinois
1 cuillerée à soupe d'huile d'arachide
Sel et poivre

Sauce :
4 cuillerées à soupe de jus d'orange
2 cuillerées à soupe de sauce piquante sucrée
1 cuillerée à soupe de coriandre fraîche hachée

1. Faites revenir les légumes à feu doux dans une sauteuse avec l'huile. Ajoutez le cinq-épices, couvrez et laissez suer 10 minutes à feu doux.

2. Retirez du feu, ajoutez le crabe bien égoutté, mélangez et rectifiez l'assaisonnement.

3. Coupez les feuilles de brick en deux. Prenez une demi-feuille et déposez une petite part de farce allongée, au centre, près du bord coupé. Repliez les pointes vers la farce et enroulez le tout. Mouillez un peu la partie arrondie pour maintenir fermé. Préparez 12 nems de cette manière.

4. Vous pouvez faire dorer les nems dans la friteuse (à 180 °C) ou au four (préchauffé à 210 °C – th. 7). Dans ce cas, déposez les nems sur la plaque du four recouverte de papier cuisson, badigeonnez-les d'œuf battu et parsemez-les de sésame. Comptez 10 minutes de cuisson.

5. Servez chaud, avec la sauce préparée en mélangeant tous les ingrédients.

NEMS MINUTE
AU POULET

Pour 12 pièces
Préparation : 20 min
Cuisson : 8 min

150 g de poulet cuit (reste de poulet rôti ou autre)
12 galettes de riz
1 carotte moyenne
4 ciboules
2 cuillerées à soupe de coriandre fraîche hachée
½ cuillerée à café de cinq-épices chinois
Sauce piquante sucrée pour servir
1 cuillerée à café d'huile d'arachide
Huile de friture

1. Émiettez le poulet dans un grand bol ; ajoutez le cinq-épices, l'huile d'arachide et la coriandre. Mélangez et rectifiez l'assaisonnement.

2. Râpez la carotte. Gardez uniquement la base des ciboules et émincez-les en longueur.

3. Trempez 6 galettes une par une dans de l'eau froide et disposez-les au fur et à mesure sur un torchon humide. Répartissez-y la moitié du poulet en petits tas allongés, au milieu, dans le bas des galettes. Déposez dessus un peu de carotte râpée et de ciboule. Repliez les côtés vers le centre et enroulez. Faites de même pour les 6 autres galettes.

4. Faites-les frire en deux fournées : environ 4 minutes à la friteuse, à 180 °C ou dans un wok contenant une bonne quantité d'huile. Égouttez sur du papier absorbant et servez avec la sauce piquante sucrée.

ASTUCE

Si les nems collent entre eux dans l'huile chaude, attendez qu'ils soient frits pour les séparer : si vous le faites quand les galettes sont encore molles, ils exploseront à la cuisson.

CHAMPIGNONS FARCIS
À LA RICOTTA, ROQUETTE ET PARMESAN

Pour 8 personnes • Préparation : 15 min • Cuisson : 15 min

500 g de gros champignons • 250 g de ricotta • ½ sachet de roquette nettoyée (25 g) • 1 citron • 4 c. à soupe de parmesan fraîchement râpé • huile d'olive • Sel et poivre

1. Préchauffez le four à 180 °C (th. 6).

2. Brossez les champignons, mais ne les lavez pas. Retirez les pieds. Mélangez les têtes avec 1 cuillerée à soupe d'huile d'olive et déposez-les dans un plat à four légèrement huilé.

3. Râpez finement 1 cuillerée à soupe rase de zeste du citron. Ajoutez la ricotta, 2 cuillerées à soupe de parmesan, la roquette hachée, du sel et du poivre.

4. Farcissez les champignons avec cette préparation, parsemez le reste du parmesan et faites dorer 15 minutes au four.

5. Servez chaud, à l'apéro.

CHEESE MUFFINS À LA PANCETTA

Pour 6 pièces • Préparation : 15 min • Cuisson : 18 min

12 fines tranches de pancetta (100 g) • 3 œufs • 125 g de ricotta • 30 g de parmesan fraîchement râpé • 6 feuilles de sauge • 3 c. à soupe de lait • Poivre

1. Préchauffez le four à 180 °C (th. 6).

2. Écrasez la ricotta à la fourchette avec les œufs ; mélangez bien puis ajoutez le lait, le parmesan et du poivre. Mélangez à nouveau.

3. Tapissez 6 alvéoles d'un moule à muffins avec 2 tranches de pancetta chacune, en les décalant un peu, de manière à bien en tapisser le fond et les parois.

4. Répartissez la crème dans les moules, déposez une feuille de sauge sur chaque muffin et faites cuire environ 18 minutes au four.

5. Servez chaud, à l'apéro.

BOULETTES DE POISSON
AU PIMENT

Pour 4 personnes
Préparation : 20 min
Cuisson : 10 min

500 g de filets de poisson blanc au choix
1 œuf
60 g de haricots verts extra-fins
½ piment frais
Citron vert
1 cuillerée à soupe de pâte de curry vert
2 cuillerées à soupe de coriandre fraîche hachée
3 cuillerées à soupe de Maïzena®
1 cuillerée à soupe d'huile d'arachide
Sel et poivre

1. Versez le poisson coupé en petits dés dans le bol du hachoir.

2. Ajoutez l'œuf, la pâte de curry et la Maïzena®. Faites tourner jusqu'à obtention d'un mélange homogène. Ajoutez les haricots verts et le demi-piment très finement hachés, ainsi que la coriandre. Mélangez bien et rectifiez l'assaisonnement.

3. Rincez-vous les mains à l'eau froide et confectionnez une douzaine de boulettes. Faites-les dorer à feu modéré dans une grande poêle contenant l'huile. Vous pouvez aussi les cuire au four préchauffé à 210 °C (th. 7) : déposez les boulettes sur la plaque du four recouverte de papier cuisson, badigeonnez-les d'œuf battu et comptez 10 minutes de cuisson.

4. Servez chaud, avec des quartiers de citron vert.

EN 30 MINUTES À 1 HEURE

CROUSTILLANTS
À LA RICOTTA

Pour 10 pièces
Préparation : 30 min
Cuisson : 15 min

1 pot de ricotta (250 g)
10 feuilles de brick
1 citron
3 ou 4 ciboules
2 cuillerées à soupe de pignons de pin
2 cuillerées à soupe de persil plat haché
2 cuillerées à soupe de basilic haché
50 g de beurre
Sel et poivre

1. Préchauffez le four à 210 °C (th. 7).

2. Faites griller les pignons à sec, dans une poêle anti-adhésive.

3. Râpez finement le zeste du citron : il vous en faut 1 bonne cuillerée à café. Versez-le dans une assiette creuse et ajoutez la ricotta, les ciboules hachées (le blanc + deux tiers du vert), les pignons, le basilic et le persil. Salez, poivrez et mélangez bien.

4. Badigeonnez légèrement une feuille de brick avec du beurre fondu. Retournez-la, déposez un petit tas allongé de ricotta au milieu, vers le bas. Pliez les deux côtés vers le milieu et enroulez, comme un nem, en veillant à ne pas trop serrer. Préparez ainsi 10 roulades et déposez-les sur la grille du four recouverte de papier cuisson.

5. Faites cuire 15 minutes au four, en les retournant à mi-cuisson.

6. Servez chaud, à l'apéro.

FEUILLETÉS AUX ÉPINARDS
ET AU CHÈVRE

Pour 6 pièces
Préparation : 30 min
Cuisson : 20 min

1 pâte feuilletée
300 g de pousses d'épinards (en sachet prêt à l'emploi)
1 œuf
3 crottins de Chavignol
3 cuillerées à soupe de pignons de pin
1 cuillerée à soupe d'huile d'olive
Sel et poivre

1. Faites revenir les épinards dans une poêle contenant l'huile, jusqu'à ce qu'ils rendent toute leur eau. Assaisonnez-les légèrement, puis versez-les dans une passoire à grille fine et pressez-les pour éliminer un maximum de liquide.

2. Préchauffez le four à 180 °C (th. 6) et sortez-en la grille.

3. Déroulez le disque de pâte, en le laissant sur son papier de cuisson. Découpez-le en 6 triangles. Déposez au centre de chaque triangle un peu d'épinards, puis un demi-crottin de Chavignol (à couper en deux horizontalement). Rassemblez les 3 pointes du triangle et entortillez-les. Appuyez un peu sur les bords pour les souder.

4. Faites glisser le tout (papier + chaussons) sur la grille du four. Badigeonnez les chaussons d'œuf battu, puis parsemez-les de pignons de pin.

5. Faites dorer 20 minutes au four. Servez bien chaud.

MUFFINS AU CHORIZO ET AUX OLIVES

Pour 12 pièces
Préparation : 30 min
Cuisson : 20 min

200 g de chorizo piquant
80 g d'olives noires et vertes dénoyautées coupées en rondelles
2 œufs
225 g de farine
½ sachet de levure (10 g)
1 yaourt nature bulgare (125 g)
1 cuillerée à soupe de moutarde
1 cuillerée à soupe rase d'origan séché
5 cl de lait
8 cl d'huile d'olive
Sel et poivre

1. Préchauffez le four à 190 °C (th. 6-7).

2. Versez la farine, l'origan et la levure dans un saladier. Mélangez au fouet et creusez un puits au milieu. Versez-y le yaourt, l'huile, le lait, les œufs et la moutarde. Mélangez à la fourchette.

3. Ajoutez les rondelles d'olives et le chorizo taillé en petits dés. Mélangez et rectifiez éventuellement l'assaisonnement.

4. Déposez des caissettes en papier dans les alvéoles d'un moule à muffins et répartissez-y la pâte. Faites cuire 20 minutes au four.

5. Servez chaud ou froid, à l'apéro.

PETITS RISOTTOS
AUX GIROLLES ET AUX ÉCREVISSES

Pour 6 personnes
Préparation : 30 min
Cuisson : 30 min

150 g de chair d'écrevisses
250 g de girolles
250 g de riz arborio
2 échalotes
15 cl de vin blanc sec
2 cuillerées à soupe de mascarpone
2 cuillerées à soupe de parmesan fraîchement râpé
1 cube de bouillon dégraissé
½ capsule de safran
2 cuillerées à soupe de persil plat haché
3 cuillerées à soupe d'huile d'olive
Sel et poivre

1. Brossez les girolles, rincez-les éventuellement, mais ne les faites surtout pas tremper. Coupez-les en morceaux et faites-les revenir quelques minutes à feu modéré dans une cocotte contenant 1 cuillerée à soupe d'huile. Transférez-les dans une assiette creuse, sans les égoutter.

2. Versez 2 cuillerées à soupe d'huile dans la même cocotte et faites revenir 5 minutes à feu doux les échalotes très finement hachées. Versez ensuite le riz, mélangez 2 minutes, puis ajoutez le vin blanc. Versez encore 60 cl d'eau chaude, le cube de bouillon émietté et le safran. Portez à ébullition, couvrez et laissez mijoter 20 minutes sur feu très doux.

3. Ajoutez le mascarpone, le parmesan, le persil, les girolles avec leur jus et les écrevisses. Mélangez bien et laissez mijoter encore 1 minute. Rectifiez l'assaisonnement.

4. Servez chaud, dans de petits bols.

PETITS FLANS DE FOIE GRAS
À LA MANGUE ET AU PAIN D'ÉPICES

Pour 6 personnes
Préparation : 30 min
Cuisson : 25 min

120 g de foie gras
2 œufs
3 tranches de pain d'épices (60 g)
½ mangue (150 g poids net épluchée)
25 cl de crème fraîche allégée
Sel et poivre

1. Préchauffez le four à 150 °C (th. 5), en mode chaleur tournante.

2. Portez la moitié de la crème à ébullition dans une petite casserole. Hors du feu, ajoutez le foie gras coupé en dés et laissez reposer 1 minute. Mélangez au fouet, jusqu'à obtention d'un mélange bien lisse. Ajoutez le reste de la crème, les œufs, du sel et du poivre.

3. Taillez la mangue en petits dés et répartissez-les dans 6 petits plats (type ramequins à crème brûlée). Poivrez puis versez la crème au foie gras par-dessus.

4. Faites cuire 20 minutes au four.

5. Pendant que les flans tiédissent un peu, faites griller le pain d'épices (au four ou au grille-pain). Laissez-le refroidir et hachez-le grossièrement. Parsemez-en les flans et servez aussitôt.

MINI-CROQUETTES
AU CHÈVRE ET À LA RICOTTA

Pour environ 30 pièces
Préparation : 30 min
Réfrigération : 2 h
Cuisson : 5 min

3 œufs
250 g de ricotta
250 g de bûche de chèvre frais
20 g de farine
150 g de chapelure
1 cuillerée à café de thym frais effeuillé
Huile de friture
Sel et poivre

1. Écrasez la ricotta et le chèvre à la fourchette. Ajoutez la farine, mélangez, puis ajoutez 1 œuf et le thym. Mélangez bien et rectifiez l'assaisonnement.

2. Recouvrez un plateau de papier cuisson. À l'aide de 2 petites cuillères, formez des petites quenelles de fromage et déposez-les au fur et à mesure sur le plateau. Couvrez de cellophane et laissez durcir 1 heure au réfrigérateur.

3. Battez les œufs en omelette, salez, poivrez.

4. Roulez les quenelles dans la chapelure, puis dans les œufs battus, et à nouveau dans la chapelure. Laissez reposer 1 heure au réfrigérateur.

5. Plongez les croquettes par groupes de 6 dans un bain de friture bien chaud (190 °C). Sortez-les après 1 minute de cuisson et égouttez-les sur du papier absorbant.

6. Servez chaud, à l'apéro.

CHAMPIGNONS FARCIS
AU CHÈVRE ET AU LARD

Pour environ 12 pièces
Préparation : 30 min
Cuisson : 20 min

12 tranches de lard
500 g de gros champignons
1 bûche de chèvre frais (120 g)
½ citron
½ cuillerée à soupe de romarin séché
3 ou 4 cuillerées à soupe de crème fraîche
Poivre
Persil pour décorer

1. Préchauffez le four à 180 °C (th. 6) et sortez la plaque de cuisson.

2. Ne lavez pas les champignons : brossez-les soigneusement et retirez les pieds. Citronnez les têtes et réservez.

3. Écrasez le fromage à la fourchette avec la crème fraîche. Ajoutez le romarin, du poivre et les pieds des champignons hachés, mélangez bien.

4. Farcissez les têtes avec cette préparation et enveloppez chacune d'elles avec une tranche de lard. Piquez un cure-dents dans chaque champignon pour maintenir le lard en place pendant la cuisson.

5. Déposez les champignons sur la plaque du four recouverte de papier cuisson. Faites dorer 20 minutes au four.

6. Servez chaud, à l'apéro.

MINI-BROCHETTES
DE CHAMPIGNONS À LA GRECQUE

Pour 10 à 12 pièces
Préparation : 30 min
Marinade : 1 h
Cuisson : 25 min

1 barquette de 250 g de petits champignons de Paris
1 boîte de tomates concassées (400 g)
½ citron
2 branches de thym frais
1 cuillerée à café rase de fenouil en poudre
1 cuillerée à café rase de coriandre en poudre
5 cl + 1,5 cuillerée à soupe d'huile d'olive
1 à 2 cuillerées à soupe de vinaigre balsamique
Sel et poivre

1. Mélangez dans un plat les 5 cl d'huile, le jus du demi-citron, le thym émietté, la coriandre et le fenouil en poudre. Ajoutez les champignons simplement brossés (ou frottés avec du papier absorbant), mélangez et laissez mariner 1 heure à température ambiante.

2. D'autre part, versez les tomates et 1,5 cuillerée à soupe d'huile dans une petite casserole, portez à ébullition et laissez mijoter 15 minutes à feu très doux. Salez, poivrez et retirez du feu. Ajoutez le vinaigre selon vos goûts et laissez refroidir.

3. Enfilez les champignons sur de petits piques à brochettes. Faites-les griller sur une poêle-gril ou au barbecue.

4. Servez tiède, avec la sauce froide.

SCAMPIS MARINÉS
EN ROBE CROUSTILLANTE, SAUCE AU CHUTNEY

Pour environ 30 pièces
Préparation : 30 min
Marinade : 2 h
Cuisson : 8 min

1 sachet de petits scampis surgelés (500 g)
4 feuilles de brick
1 œuf
100 g de chutney de mangue
100 g de yaourt grec
1 cuillerée à café de curry en poudre
1 cuillerée à soupe de coriandre fraîche hachée
40 g de beurre
2 cuillerées à soupe d'huile d'olive

1. Mélangez l'huile, le curry et la coriandre dans un plat. Décortiquez les scampis (préalablement dégelés) en leur laissant le bout de la queue. Mettez-les dans le plat, mélangez bien, couvrez et laissez reposer 2 heures au réfrigérateur.

2. Préchauffez le four à 180 °C (th. 6) et faites fondre le beurre.

3. Badigeonnez une feuille de brick de beurre fondu et découpez-y 8 longues bandelettes d'environ 1,5 cm de large. Enroulez une bandelette autour de chaque scampi, en laissant le bout de la queue dégagé. Collez la fin de la bandelette avec de l'œuf battu. Déposez-les au fur et à mesure sur la plaque du four recouverte de papier cuisson. Préparez ainsi tous les scampis et faites-les cuire 6 à 8 minutes au four, en surveillant.

4. Mélangez le chutney et le yaourt, rectifiez éventuellement l'assaisonnement.

5. Servez les scampis chauds, avec la sauce.

ASTUCE
Vous pouvez enrouler vos scampis à l'avance, les conserver recouverts de film alimentaire et les passer au four au dernier moment.

BOUCHÉES DE CÉLERI-RAVE PANÉ AU SÉSAME ET MAGRET DE CANARD

Pour environ 24 pièces
Préparation : 30 min
Cuisson : 13 min

350 g de céleri-rave
1 paquet de magret de canard séché en tranches
1 œuf
½ citron
5 cuillerées à soupe de chapelure
2 cuillerées à soupe de graines de sésame
1 noix de beurre
1 cuillerée à soupe d'huile d'olive
Sel et poivre

1. Portez une petite casserole d'eau salée à ébullition en y ajoutant le jus du citron. Pelez le céleri-rave et taillez-le en cubes d'environ 2 cm de côté. Plongez-les dans l'eau bouillante et comptez environ 8 minutes de cuisson à la reprise de l'ébullition : ils doivent être tendres, sans tomber en purée. Égouttez-les et laissez refroidir.

2. Battez l'œuf en omelette dans une assiette creuse avec du sel et du poivre. Mélangez la chapelure et les graines de sésame dans une autre assiette. Passez les cubes de céleri-rave dans l'œuf, puis dans la chapelure.

3. Faites-les dorer de tous côtés dans une poêle contenant le beurre et l'huile chauds.

4. Garnissez chaque cube de céleri-rave d'une tranche de magret séché et servez tiède.

PETITS PARMENTIERS
AUX BOUDINS, POMMES ET NOISETTES

Pour 6 personnes
Préparation : 30 min
Cuisson : 30 min

225 g de boudin blanc
225 g de boudin noir
700 g de pommes de terre farineuses (poids net, épluchées)
4 belles pommes Golden
40 g de noisettes
Muscade et cannelle en poudre
10 cl de crème fraîche
40 g de beurre
1 cuillerée à soupe d'huile d'olive
2 cuillerées à soupe rases de cassonade blonde
Sel et poivre

1. Préchauffez le four à 180 °C (th. 6).

2. Coupez les pommes de terre en cubes. Faites-les cuire à l'eau pendant 15 minutes. Égouttez-les et écrasez-les en purée avec la crème fraîche. Salez, poivrez et saupoudrez de muscade.

3. Épluchez les pommes et taillez-les en petits dés. Faites-les revenir à feu vif dans une grande poêle avec 20 g de beurre. Mélangez souvent et saupoudrez de cassonade. Retirez du feu dès qu'elles sont colorées et ajoutez une pointe de cannelle.

4. Retirez la peau des boudins, taillez-les en dés et faites-les rissoler à feu modéré dans une poêle contenant l'huile.

5. Répartissez les pommes dans 6 petites cocottes. Ajoutez les dés de boudin, puis recouvrez le tout avec la purée. Parsemez de petits morceaux de beurre et de noisettes grossièrement hachées.

6. Passez les parmentiers 15 minutes au four et servez chaud.

CHAUSSONS AUX ÉPINARDS
ET À LA RICOTTA

Pour 8 pièces
Préparation : 30 min
Cuisson : 20 à 25 min

8 carrés de pâte feuilletée
1 œuf
450 g d'épinards en branches surgelés
1 pot de ricotta (250 g)
2 cuillerées à soupe de raisins secs
2 cuillerées à soupe de pignons de pin grillés
2 cuillerées à soupe d'huile d'olive
Sel, poivre et muscade

1. Faites revenir les épinards préalablement décongelés dans une grande poêle contenant l'huile. Augmentez la flamme quand ils commencent à rendre leur eau, pour qu'elle s'évapore au maximum. Ajoutez ensuite les raisins secs, les pignons, une pointe de muscade râpée, du sel et du poivre. Mélangez 1 minute, puis ajoutez la ricotta et rectifiez l'assaisonnement ; retirez du feu.

2. Préchauffez le four à 180 °C (th. 6) et sortez-en la grille ; recouvrez-la d'une feuille de papier cuisson.

3. Mouillez les bords d'un carré de pâte, déposez un huitième de la préparation aux épinards sur une moitié, en diagonale et en laissant les bords libres. Pliez en deux et soudez bien les bords en appuyant avec les dents d'une fourchette. Préparez ainsi les 8 chaussons et déposez-les sur la grille du four. Badigeonnez-les avec l'œuf battu et faites-les cuire 20 à 25 minutes au four.

4. Servez chaud ou froid, à l'apéro.

PILONS DE POULET
AU MIEL, CITRON VERT ET MENTHE FRAÎCHE

Pour 12 pièces
Préparation : 30 min
Marinade : 3 h
Cuisson : 30 min

12 pilons de poulet
2 citrons verts
1 bouquet de menthe
1 yaourt grec (200 g)
4 cuillerées à soupe de miel liquide
Huile d'olive
Sel et poivre

1. Râpez finement le zeste d'un citron vert dans un bol et pressez ce citron et le second, de manière à obtenir 8 cuillerées à soupe de jus. Versez dans un grand plat, ajoutez le miel et mélangez bien. Ajoutez 3 cuillerées à soupe de feuilles de menthe grossièrement hachées.

2. Entaillez les pilons des deux côtés et déposez-les dans la marinade. Enrobez-les bien, couvrez et laissez reposer 3 heures au réfrigérateur.

3. Mélangez le yaourt et le zeste de citron vert, ajoutez 1 cuillerée à soupe de feuilles de menthe finement hachées, 1 cuillerée à soupe d'huile, du sel et du poivre. Mélangez, couvrez et réservez au réfrigérateur.

4. Préchauffez le four à 180 °C (th.6).

5. Égouttez les pilons de poulet et filtrez la marinade. Huilez les pilons et faites-les cuire 30 minutes sur la plaque du four recouverte de papier cuisson, en les badigeonnant de temps en temps avec la marinade. Salez et poivrez en fin de cuisson. Servez chaud, avec la sauce.

CAKE AU PESTO
ET AUX TOMATES CONFITES

Pour 1 cake
Préparation : 30 min
Cuisson : 45 min

200 g de pesto frais
1 pot de tomates semi-séchées à l'huile (220 g)
4 œufs
200 g de farine avec levure incorporée
100 g de parmesan râpé
4 cuillerées à soupe de pignons de pin
10 cl de lait
Sel et poivre

1. Préchauffez le four à 160 °C (th. 5-6).

2. Versez la farine dans un saladier et délayez-la avec le lait, les œufs et 2 cuillerées à soupe de l'huile des tomates. Ajoutez ensuite le parmesan râpé et le pesto ; mélangez bien.

3. Coupez les tomates égouttées en petits morceaux et ajoutez-les à la pâte. Mélangez et rectifiez l'assaisonnement.

4. Versez la pâte dans un grand moule à cake tapissé de papier cuisson, parsemez de pignons de pin et faites cuire 45 minutes au four.

5. Laissez reposer 5 minutes, puis démoulez et laissez refroidir sur une grille.

6. Servez à l'apéro, découpé en cubes.

CAKE À LA MOZZARELLA
ET AU SAUMON FUMÉ

Pour 1 cake • Préparation : 30 min • Cuisson : 45 min

200 g de saumon fumé • 1 boule de mozzarella di bufala (125 g) • 4 œufs • 200 g de farine avec levure incorporée • 3 c. à soupe de ciboulette hachée • 10 cl de lait • 2 c. à soupe d'huile d'olive • Sel et poivre

1. Préchauffez le four à 160 °C (th. 5-6).

2. Délayez la farine avec le lait, l'huile et les œufs ; fouettez jusqu'à l'obtention d'un mélange homogène.

3. Ajoutez la ciboulette, la mozzarella taillée en petits dés et le saumon grossièrement haché. Mélangez et rectifiez l'assaisonnement.

4. Versez dans un moule à cake tapissé de papier cuisson et faites cuire 45 minutes au four.

5. Laissez reposer 5 minutes, démoulez et laissez refroidir sur une grille.

6. Servez le cake taillé en cubes, à l'apéro.

CALAMARS
À L'ANDALOUSE

Pour 12 portions • Préparation : 30 min • Cuisson : 1 h

1 sachet de calamars surgelés (750 g) • 3 oignons • 3 c. à soupe de persil haché • 1 c. à soupe d'origan séché • 1 c. à café de pimenton picante (paprika espagnol piquant) • 4 c. à soupe de vinaigre de Xérès • 10 cl d'huile d'olive

1. Taillez les calamars préalablement décongelés en anneaux. Mettez-les dans une cocotte et ajoutez les oignons hachés, l'huile, le vinaigre, le pimenton, l'origan et 5 cl d'eau. Mélangez bien et portez à ébullition.

2. Couvrez et laissez mijoter 1 heure à feu doux, en mélangeant de temps en temps. Ajoutez le persil et rectifiez éventuellement l'assaisonnement. Si la sauce est trop liquide, faites-la réduire quelques minutes sur feu vif.

3. Ces calamars sont délicieux tièdes ou froids, en tapas.

CAKE À LA RATATOUILLE
ET À LA FETA

Pour 1 cake
Préparation : 30 min
Cuisson : 50 min

250 g de ratatouille (en bocal ou faite maison)
200 g de feta
200 g de farine avec levure incorporée
4 œufs
10 cl de lait
5 cl d'huile d'olive
Sel et poivre

1. Préchauffez le four à 160 °C (th. 5-6).

2. Délayez la farine au fouet avec le lait et les œufs, jusqu'à obtention d'un mélange homogène. Ajoutez l'huile et la ratatouille, puis la feta taillée en petits dés. Rectifiez l'assaisonnement (attention : la feta est déjà bien salée).

3. Versez dans un moule à cake tapissé de papier cuisson et faites cuire 50 minutes au four.

4. Servez à température ambiante, coupé en tranches ou bien en dés pour l'apéro.

INDEX DES RECETTES

A

B

C

R

S

T

ÉQUIVALENCES

MESURES LIQUIDES

Système métrique	Système américain	Autre nom
5 ml	1 cuillère à thé (cuillère à café française)	
15 ml	1 cuillère à table (cuillère à soupe française)	
35 ml	1/8 cup (tasse française)	1 oz (ou once)
65 ml	1/4 cup ou 1/4 grand verre	2 oz
125 ml	1/2 cup ou 1/2 grand verre	4 oz
250 ml	1 cup ou 1 grand verre	8 oz
500 ml	2 cups ou 1 pinte	
1 litre	4 cups ou 2 pintes	

MESURES SOLIDES

Système métrique	Système américain	Autre nom
30 g	1/16 lbs	1 oz
55 g	1/8 lbs	2 oz
115 g	1/4 lbs	4 oz
170 g	3/8 lbs	6 oz
225 g	1/2 lbs	8 oz
454 g	1 livre	16 oz

CHALEUR DU FOUR

Chaleur	° Celsius	Thermostat	° Fahrenheit
Très doux	70 °C	Th. 2-3	150 °F
Doux	100 °C	Th. 3-4	200 °F
	120 °C	Th. 4	250 °F
Moyen	150 °C	Th. 5	300 °F
	180 °C	Th. 6	350 °F
Chaud	200 °C	Th. 6-7	400 °F
	230 °C	Th. 7-8	450 °F
Très chaud	260 °C	Th. 8-9	500 °F

Toutes les recettes de ce livre sont tirées de *Les nouveaux apéros* paru aux Éditions Mango en 2018.

Photo de couverture : Delphine Lebrun
Stylisme de couverture : Sophie Dumont

Direction : Guillaume Pô
Direction éditoriale : Tatiana Delesalle
Édition : Élise Marcantoni assistée d'Emma Lombois
Direction artistique : Sylvaine Beck
Création graphique : Ambrine Angaud
Mise en pages : Patrick Leleux PAO
Direction de fabrication : Thierry Dubus
Suivi de fabrication : Florence Bellot
1re édition - N° d'édition : M21020
ISBN : 9782317027284
Code MDS : MN27284

FSC www.fsc.org MIX Papper från ansvarsfulla källor FSC® C015559

Ce livre s'inscrit dans une démarche écoresponsable. Il est imprimé sur du papier FSC® issu de forêts gérées durablement. Cette certification garantit une empreinte carbone réduite et une gestion raisonnée de la forêt, qui maintient la biodiversité et protège les écosystèmes. Il est imprimé avec des encres végétales, c'est-à-dire fabriquées uniquement à partir de matières premières renouvelables et sans huiles minérales. Il a été imaginé et conçu en France, et imprimé en Europe.

Achevé d'imprimer en 2021
par Interak en Pologne

Dépôt légal : avril 2021
www.mangoeditions.com

Retrouvez-nous sur Instagram : @mangoeditions

DANS LA MÊME COLLECTION